違和感

太田 光
Ota Hikari

本書は、２０１８年４月、小社が刊行した単行本『違和感』を加筆修正したものです。ウィズコロナというまったく新しい日常では、コロナ前の常識は通用しなくなりました。本書『違和感』で語られている太田光氏の言葉は、軽妙でありながら、世の中にあるものごとの核心をついたものばかりです。これからは、自ら考えて新しい日常を作っていかなければなりません。本書には、今後の日常を考えていくヒントが、たくさんちりばめられています。ウィズコロナの時代に必要な一冊として、刊行いたしました。

編集部

はじめに

コロナでいちばん難しいのは、恐怖心が統一できないということ

本書のもとになっている書籍『違和感』は、2018年の4月に発行された。ということは、あれから2年とちょっとしか経っていないのに、世界はその頃とは比べものにならないような、たくさんの違和感であふれている。その原因はもちろん、新型コロナウイルス感染症だ。

コロナに関しては、現時点では冷静に評価することが難しい。2011年の東日本大震災ですらまだできていないわけだからね。ただ、戦争以外で世界中が同じ問

題に直面するという経験はいままでになかったわけで、大きな変化があるであろうという予測はできる。しかもだ。こんなことを言うと怒られちゃいそうだけど、世界中が殺し合いじゃなくて協力しなきゃならないという経験をしていることを、俺は前向きに捉えている。スペイン風邪やペストの流行などが過去にもあったけど、当時はみんなが自国のことに精一杯で外国のことなんて知りようがなかったはずでしょ？　ところが、とくに現代の若者はリモートで外国の友達とつながったりもできるだろうし、困難な現状があるにせよ、頼もしい大人になるんだろうなという漠然とした希望がある。

もちろん、未知のウイルスなのだから厄介ではある。

いちばん難しいのは、恐怖心は統一できないということ。

この感染症が認識されはじめた最初の頃は「新型コロナウイルスは、差別なく皆を一様に襲う」といった主旨のことも言われていたけど、実はそんなことはまったくなかった。その国の医療体制や社会情勢、風習や文化、あるいは、年齢や人種や基礎疾患の有無。新型コロナウイルスは、そういったものの違いによって、全然違う襲い方をするのだということがわかってきた。これが厄介だった。

たとえば、新型コロナウイルスを心底恐れて生活している人はマスクをしていない人に対して、ものすごく違和感を感じるだろう。逆もそう。あまり恐れていない人からしたら「なんでそんなに怖がるの？」って話だから。あるいは、ウイルスを撲滅することがいちばん重要だと考えている人にとっては、経済を動かしてまわそうという人には違和感しかないだろうし、逆の視点から言えば、「いやいや、ウイルスじゃなくて金がなくて死んじゃうから」という違和感がぶつかりあう。

このウイルスの正体でわかったことは、対立を煽るということ。

結果、どうなっているかというと、分断が進んでいる。

いわゆるソーシャルディスタンスという言葉がいちばん理解しやすいんだけど、人との距離を取りましょうって、それはもうわかりやすく分断だから。分断がなにひとついいことを生まないなんて誰でも簡単に想像がつくのに、ウイルスの蔓延を防ぐには、分断しなきゃならないというジレンマ。

爆笑問題という漫才コンビの距離感で考えてみても、テレビで漫才をやる時などには俺と田中の間がアクリル板で遮られた。家族という距離感で考えてみても、東京に住む子供に田舎の両親が今年は帰省しないでくれと頼む。本当に厄介だ。それでまた、ちょっと落ち着いてきたなぁと思ったら急激に陽性者数が増えたりして、みんなをがっかりさせる。新型コロナウイルスというのは、ものすごく意地が悪い。

　だから、今年の6月にタイタンライブという、うちの事務所のお笑いライブを劇場で開催するにあたってもいろんな意見があった。なぜいま開催しなきゃならないのかとの反対意見もあったはずだ。あの時期はどの事務所も様子見という状態だったからね。でも、やろうと。ＰＣＲ検査を誰もが受けられる時期じゃなかったから、抗体検査を演者もスタッフも全員で受けて、検温や消毒なども徹底。客席も前列は空席とし、そのうえで最前列のお客さんにはフェイスシールドを着けてもらったり、入場時には靴の裏側まで消毒をさせてもらうなど、とにかくうちの社長が徹底的にこだわって、あの時に言われていた安全対策でやれることは全部やって開催にこぎつけた。

　爆笑問題の漫才の時、舞台上にアクリル板はなかった。

　そもそも俺たちふたりはネタ作りからずっと一緒にやってるわけで、言ってみりゃ濃厚中の濃厚接触者同士だからね(笑)。

　その日、久しぶりにアクリル板で分断されていない漫才をやってみていちばん感じたのは、お客さんの笑い声ってこんなにいいのかってことだった。観客の数も減らしていたから、以前のような大きな笑い声ではないけど、小さかろうがなんだろうがそこに笑い声があるっていうのがいい。この笑い声こそが、分断の逆なんだと思う。辞書的に言えば、分断の対義語は「統一」になるんだろうけど、そんなたいそうな言葉じゃなく「交流」でも「交歓」でもいいんだけど、あの笑い声はありがたかった。

　そんなわけで、分断だけはなるべく避けられたらと思っているんだけど、『サンデージャポン』などの仕事現場で感じるのは、この国のリーダーと呼ばれる人のメッセージの出し方への違和感だ。

　たとえば、東京都知事の小池さんは、コロナ禍の初期に「3密を避けましょう」と言っていた。本来は「密閉」「密集」「密接」の3つが重なるところを避けようということだったはずなのに、ある時期の小池さんは公園で立ち話をしている人たちに批判的なメッセージを投げかけはじめる。当時の小池さんが言うには、流行とは一部の敏感な人が気づいて、そのあとで大多数の人がつられて、残りの何パーセントは気づかないままに終わってしまう。だから、この鈍感な人たちになんとかして気づかせなきゃみたいな趣旨だったんだけど、おいおいおいと。公園で立ち話をしていた人たちは鈍感なんかじゃ決してなくて、むしろ小池さんの「3密を避けましょう」というメッセージをちゃんと聞いて、密閉じゃない公園を選んだと思うのね。なのに、鈍感って。もし、あの時の小池さんが言いたかったことが「3密を避けましょう」ではなく「ステイホーム」だったのなら「すみません。皆さんへのメッセージに変更があります」と言ってくれないとダメだろって。変更があるのはいい。コロナ禍という有事なのだから、リーダーのメッセージがアップデートされることに、誰も怒らないと思う。

首相である安倍さんもしかり。リスクを背負うのが政治家なのに、俺にはリスクを恐れているように見えて、メッセージという意味では圧倒的に言葉が足りない。

俺が不思議なのは、リーダーシップについてのこの国のありようだ。

ブラジルのボルソナロ大統領はコロナ対応に批判が集まったのに支持率は上がり、

アメリカのトランプ大統領も無茶苦茶すぎて支持率は下がっているけど、一部の熱烈な支持者も決して少ない数じゃない。つまり、海外では強いリーダーシップが求められる傾向があると思うんだけど、日本はどうか。実は強いリーダーシップに対して警戒心があるのではないか。もし、俺の仮説が合っているとすると日本というのは不思議な国だ。いろいろとお上に対して文句は言うけど上からの強い命令は望まず、なのにいまのところ、相当優秀にコロナ禍を抑え込んでいるように俺には思えるから。

もし、日本という国が強いリーダーシップに警戒心があるとすると、それは第二次世界大戦敗戦、つまり戦争に負けたことが原因で自虐的になった部分もあるだろう。でも、戦前はどうだったのか。俺が好んで聴く落語の世界では、町人たちはお上や侍のことをバカにしながら自由に生きている。もしかしたら、日本人は江戸時代の頃だって強いリーダーシップを望んでいなくて、あんまりお上を信用しないまま、時にはバカにすらして、あやふやな部分も愛しながら生きてきたような気もする。

さて、あれから2年とちょっとで世界は大きく変わったけど、俺自身は2年前どころか30年前と比べてもほとんど変わっていない。世間でいう休日にも外出することなく原稿を書いていたりして、ステイホームも苦にならなかったしね（笑）。そんな俺がいま言えることなんてたいしたことじゃないんだけど、「治るよ」って「思おうよ」ってこと。本書の「格差社会」というテーマでも話しているんだけど、人間には2つのタイプがあって、10代の俺が憧れたたけしさんは「夢なんて持つな」という人で、俺もそうなりたいなぁとずっと思っていたけど無理だったたっていうね（笑）。コロナが厄介で、対立を煽って、意地悪くて、大変な経験であることは十分に理解しつつも、「治るよ」って「思おうよ」と、どうしても夢見ちゃうタイプの俺は思ってしまうのです。

令和二年八月

爆笑問題　太田 光

制作協力　株式会社タイタン
ブックデザイン　小林敏明
写真　小山昭人
構成　唐澤和也
編集　杉田 淳

目次

第二章　いつも、自分に問い続けている

第三章　「笑い」は、人を殺すことがある

第四章 「世間」というど真ん中にある違和感

第一章　近づくほど難しくなる人間関係

■生きづらさ

「生きやすい」って感じて、生きている人なんているの？

時代の閉塞感とか、先行きが見えない時代とか言われるけど、それってどうなんだろうね。そういうのは、時代というよりも、その人の状況による気がする。

たとえば、バブルの時代の俺は大学生で、のちに爆笑問題を結成した頃だった。世の中が浮かれまくっているあのムードを謳歌していたやつらは「あの頃はよかった」なんて振り返るけど、俺は全然いいと思っていなかったから。まぁ、俺がバブルの恩恵をあんまり受けていなかったってだけなのかもしれないけど（笑）。

とはいえ、爆笑問題がデビューした頃は、テレビ業界はまだバブルだった。

フジテレビが視聴率三冠王の頃で、爆笑問題も『笑いの殿堂』という深夜番組に出演させてもらったりしていた。でもね、その頃の俺は、かなり卑屈だったから（笑）。その番組のアシスタントディレクターが俺らと同じ年の女の子だったんだけど、ワンレンボディコンで手首にジャラジャラとアクセサリーを着けながら「さんまちゃんがさぁ」なんて業界人っぽく言うのも嫌だったし、あるプロデューサーと単独ライブで名前を出す出さないで揉めたりもした。なにしろその頃の俺は卑屈だったから、そのプロデューサーがネタに口出ししてきても「直しません」って、そのプロデューサーも「じゃあ、名前は出せません」っつって（笑）。

その後、一度仕事がなくなってからもバブルはまだ続いていて、営業でビンゴ大会の司会に行くと景品がヨーロッパ旅行とかで、そういう浮かれた感じがまた嫌で嫌で、本当に嫌だった。クリスマスパーティもそう。なにが嫌だったって、楽屋に行くと必ずサンタとトナカイの衣装が置いてあったってこと。また、これかと。それで、また浮かれまくった同世代のやつらが判で押したようなノリで「イエ～！」とか叫んではしゃぐんだろうなと。そんな感じだから、俺はバブルの頃にいい思い出なんてひとつもないし、なによりあの浮かれまくった世の中のムードが嫌いだった。

好き嫌いではなく、冷静に振り返ってみるとどうなんだろう？

１９６５年生まれの俺の場合で言うのなら、小学生の頃は高度成長期の終わりで、オイルショックがあって、ちょっと混沌とした時期を経てバブルという時代を迎えていた。たしかに、子供の頃の世の中のムードは「未来は明るい」だったかもしれないけど、その未来がいま現在なわけじゃない？　じゃあ、いまが明るくないのだとするなら、その手の予想なんて簡単に裏切られるということ。

バブルを経ていろんなことがわかってきたのだと思う。

いま思えば「土地の値段は絶対に下がらない」という土地神話をみんなで信じていたほうが愚かだったわけじゃない？　自動車産業だって絶対に大丈夫だと言われていたけどそうでもなかったし、当時の農業にしても主流は広大な敷地にダメな農薬を使って大量生産してたけど、それがいかに人間の体に悪いかをわかっていなかった。

そして、バブルが崩壊して痛い目にあって、いろんなことがわかってきて、「さぁ、どうする？」という段階に入っているのがいまなのだと思う。なのに、経済大国としてトップを目指さねばみたいな考え方のほうが、よっぽど窮屈で閉塞感があるし、そもそも中国に抜かれたからといっても世界で3位だぜって話だから。

現代は、生きづらい時代でもあるという。

でもさ、時代をさかのぼってみても「生きやすい」って感じて生きてる人なんて存在したのだろうか？　たぶんそんな人はいやしないし、仮にいたとしても俺はあまり魅力的な人間だとは感じない。いずれにせよ、時代うんぬんではなくて、すべてはその人の状況によるんじゃないのかと思う。

物語でもその手の「人による」というのはあって、俺の大好きな『赤毛のアン』という小説のなかにこんなやりとりがある。

アンは孤児だからいわゆる恵まれた子供ではないんだけど、「想像をする」という才能には恵まれていて、ひとことで言えば、夢見る少女なわけ。ある時、学校行事でピクニックへ行くことになるんだけど、楽しみでワクワクして寝られなくなってしまう。

そんなアンの姿を見た養母のマリラが、「期待しすぎちゃダメ。こんな世の中で、お前みたいにいろんなことに期待していたら、どれほどがっかりすることが増えるかわからない。期待は半分にしときなさい」といった具合にたしなめる。ピクニックにしても中止になったらどうするのって、マリラとしては親心で言う。

でも、アンはこんなことを言い返す。「楽しみが本当にならなくても、その楽しみを待っている間の楽しみは、間違いなく自分のもの」。

俺はこの場面のアンの言葉が大好きなんだけど、がっかりしようがなにしようが閉塞感があろうが先行きが不透明だろうが、人生に期待する楽しみっていうのはあるんじゃないか。そんなことを夢見るおっさんは思ったりするのです（笑）。

いつの頃か、勝ち組負け組という言葉も定着した。

俺はこの言葉もピンとこなくて、線引きが難しいと思う。年収で線引きしているという人もいるけど、ことはそんなに単純じゃない気がする。どうなんだろうね。

ひとつだけ思うのは、そういう流行《はや》りの言葉みたいなものと、本当に切羽詰まった状況と、実はふたつの様相があるんじゃないかなぁということ。「俺は負け組だ」なんて自虐的に言う人がいたとしてもまだまだ余裕のあるイメージがあるし、本当の貧困にあえいでいる人は勝ち組とか負け組だなんて言ってられないはずだから。とにかく俺は、年収などの数字でぱっぱっとカテゴライズすることにピンとこない。というわけで、ぱっぱっと二分割などできないややこしい話をしようと思う。

アンリ・ベルクソンという哲学者がいた。

小林秀雄の著作を読んでいて知ったんだけど、この人が言ってることが、それはもう難しくて、いまでもよくわかっていないんだけど、小林秀雄いわく、ベルクソンは人間には魂ってものがあるということを証明したらしい。

たとえば、ある人が夕日を見て美しいと思う。科学の側面からその仕組みを説明しようとすると、「あれはガスの集まりでね。なぜ赤く見えるかと言えば要するにレイリー散乱と言われる現象だから」とか、「美しいと思わせてるのは君の脳だ。脳が信号を送っているだけだ」だとか言えちゃうわけじゃない?

でも、小林秀雄はベルクソンの人間には魂があるという理論を踏まえて、「夕日は美しいと僕は信じる」と言うわけね。なぜなら、ダ・ヴィンチなどの芸術家が脳の信号とかいうやつの錯覚で名作を描けるのか？　いや、美しいものを見て感動できる魂があるから描けるんだって小林秀雄は主張する。この主張は、のちに反対派とバチバチの大論争になるんだけど、俺は小林秀雄の言ってることもおもしろいなぁと思う。

で、ベルクソンね。彼はほかにも、世の中には同じものがふたつとして存在しないだとかの理論を『物質と記憶』という著作にまとめている。その内容は本当に難しいからひとことでは言えないんだけど、読者に伝えたかったのはこんなエピソードだ。

ベルクソンが参加したある会議で、こんな雑談があったそうだ。

戦争中に旦那を戦場に送りだしたフランスの女性が、旦那が撃たれて死んだ夢を見た。起きたら実際にその旦那が戦死したという知らせが届いて、その時間を確認したら、ちょうどその夢を見ていた時間だった。彼女は精神科医に相談しに行くんだけど「奥さん、お気持ちはわかりますが、そういうことは無数に起きていて、今回はたまたま当たっただけですから」と言われてしまう。つまり、ほかにも夢を見ているはずで、その全部が現実にはなっていない。「あなたがご主人を心配するあまりそういう夢を見てしまって、それがたまたま偶然に当たっただけですよ」とその医者は答えたんだって。

ベルクソンは、その話に興味を持つ。

はたして本当に偶然で済ませてよいのか？

偶然だったにせよ、彼女の経験は本物だ。夢を見て現実になってしまって悲しんだという事実。それは、経験しちゃったことで、ないことにはできない。つまり、科学で割り切れないものもあって、それはふわふわと飛んでるようなものとは違う意味で、人間には魂があるとしたんだって。

ところで俺は、勝ち組負け組の話からベルクソンを持ち出して、いったいなにを言いたかったんだろう（笑）。

たぶん、科学と違って、数字で割り切れないものもあるのではということ。

あと、魂なんて信じないという人にも、想像力ってやつはあなどれないとは伝えておきたい。カート・ヴォネガットが『タイムクエイク』という小説のなかで、「タイムマシンなんてすぐできる。思い出しゃいいんだから」と言っていて、このセリフもまた、俺は大好きだったりする。

■個性について

個性なんて出さないようにしても、出てしまうもんでしょ

個性という言葉を意識したのは、小学生の頃だった。

それは、うれしくもあり、嫌な言葉でもあったように思う。

小学校の学芸会で自分が作った劇がみんなにウケて「個性的でおもしろかった」と言われりゃうれしかったけど、その言葉を裏返すと「変わり者」ってことでもあるわけでね。小学生の通信簿では「和を乱す」「協調性がない」という先生からのダメ出しが、学年が変わっても毎回書かれていた。うるせぇよと思いつつも、みんなができ

ることを自分だけができないというのは集団では目立ってしまうから、なんとかしてみんなに溶け込みたいとも思っていた。

一番のピークが高校時代。

でもね、その頃の俺は溶け込みたいという気持ちが変な方向に行っちゃって「注目されたくない」「空気になりたい」にまで振り切れてしまう。たぶんそういう俺の雰囲気みたいなものがクラスメートにも伝わってしまったのだろう。登校初日に誰からも口をきかれず、以後、友達がひとりもできない3年間っていう状況にしてしまう。しかも、目立ちたくなくてそうしたはずなのに、友達がひとりもいないやつなんて珍しいから逆に目立っちゃうっていうね（笑）。

休み時間にひとりでお弁当をトイレで食べる人っているでしょ？　俺は、そういうやつの気持ちがすごくわかるんだけど、とにかく目立ちたくなくて、隠れたくて、お弁当をひとりで食べているところすら誰にも見られたくなかった。

そういう俺の育ちみたいなものもあるから、「個性的であれ」みたいな欧米から輸入された考え方には、違和感しかない。個性なんて出さないようにしても出てしまうものでしょって。同じように、自分探しという言葉もピンとこなくて、わざわざ探さなくても出ちゃうでしょ、自分なんてと思う。

　興味があるのは、出さないようにしても出てしまう個性にまつわる、いまどきの傾向についてだ。

　SNSなどでは「キャラが違う」という言葉がふつうに使われているという。たとえば、ふだんはおとなしい人がなにかのパーティではしゃいでいる写真をアップしていたりすると「キャラじゃないね」などと知り合いが評するのだそうだ。その言葉には、やっぱりみんなが個性的ということの証明のひとつで、その個性を隠すために、みんなある特定のキャラを演じているのではないかと想像した。

　ひるがえって、SNSなどない昭和の時代。

　太宰治が昭和23年（1948年）に発表した『人間失格』には、まさにそういう描写がある。

　主人公はみんなと違う自分という存在に悩み、あえて道化を演じて周囲を笑わせることで居場所みたいなものを作るんだけど、中学生になった頃にそれが見抜かれてしまう。鉄棒の授業でわざと失敗して笑いを取るんだけど、それを見ていたひとりのクラスメートから「ワザ。ワザ」＝「わざとだろ？」とささやかれる。しかも、それを見抜いた少年というのが、体が弱くて体育を見学しているような知的障害気味の子だったので余計に、主人公は衝撃を受けてしまう。

これって、いまどきの「キャラを演じる」ことと本質的には通じるものがあると思う。個性を隠したくて、何者かを演じる。それをある時、本当の自分が外側の自分を見る。それが嫌らしくて嫌らしくて自分で自分が嫌いになってしまう。

そういうことって誰でも多かれ少なかれあると思うんだけど、太宰の頃といまとが違うのは、そういう行為が一般の人にもひろがっているということだ。

太宰の時代は、文壇のなかで生きている文士みたいな連中しかそんなことを考える余裕などなくて、一般の人は日々の仕事に汗を流していた。でも、いまは表現の場が、文壇という狭い世界だけじゃなくＳＮＳなどにもあるから、自問自答みたいな時間を持つ人が増えている。

それ自体は決して悪いことではないと思うけど、まだ自分などというものが定まっていない若い人にとってはつらい行為でもあるとも思う。太宰治の場合は、一生それを悩んで『人間失格』を脱稿した1ヶ月後に自殺しちゃうわけだしね。しかも、SNSなどで表現をしている多くの人は稼げていないわけでしょ？　収入という生活の糧になればまだしも、無給でその行為を続けるとしたら、落としどころが見つけにくい。

そういう意味では、俺の場合は、プロの芸人になれたことは幸運だった。高校時代に目立たないようにと隠した個性だけど、テレビの仕事を始めた最初の頃なんてとくにだけど、「どうやったら目立つか？」ばかりを追求できたのだから。

爆笑問題の始まりは劇場だったから、まず、どうやったらテレビに出られるか。それればかりを考え、実践する日々。結成当時の爆笑問題はコントをやっていたから、「誰もやっていないコントってどんなものだろう？」ということを強く意識していたように思う。「才能と技術」というテーマのところで話すけど、「才能とは？」とか「どうしたら売れるか？」なんていまでもわからないけど、その頃は、インパクトを残すということだけはすごく考えていた。

そんなわけで、コントの題材に選んだテーマは、いじめ、原発、中国残留孤児。いま思うと、「そりゃドン引きされるよ！」という過激すぎてまったくウケないコントもあったけど、「進路指導室」というネタは、けっこう評判がよかった。

担任の先生と生徒の会話なんだけど、生徒役が田中で、学校でいじめられていると。ところが俺が演じる先生というのがひどい人で、「お前はバカなんだから、学校なんて休め！」みたいにいじめていって、「お前の進路は、自殺！」と生徒にすすめるっていうね（笑）。

あとは、「東京の不動産屋」というコント。

バブル崩壊の直前頃だったのかなぁ。前提として、東京の土地不足が話題になっている頃のコントなんだけど、鳥取県出身の田中が上京するっていうんで、不動産屋を訪れる。その不動産屋のスタッフが俺なんだけど「中野近辺に住みたい」という田中に、「大東京平等論」とかいうのを持ち出して、地方から出てくる場合、東京に出てくるメリットの大きい順に土地の値段が高くなるなんて言う。賃貸もしかりだと。で、鳥取県出身だと厳しいとか、身長154センチじゃあ無理ですとか、鳥取と島根を間違えたくせに「鳥取と島根はふたつでひとつの県とみなしております」とかムチャクチャ言うわけね。

最終的には、「掘り出し物があった！」っつって、沖ノ鳥島をすすめるわけ。沖ノ鳥島というのは日本最南端の2坪ぐらいの小さい島で誰も住んでいないんだけど、所在地的には東京都だから「国を守るってことで、家賃はタダです」っていうね（笑）。

その後、一時期はテレビに出られない時期もあったけど、いまでもテレビに出られていて感じるのは、個性というのは、いまだにうれしくもあり、難しくもあるということ。

漫才でも小説でも同じだけど、「俺の考えたものはおもしろいですか？」と世の中に向けて投げかけているわけで、いつだって多くの人に認められたいと願っている。

でも、多くの人に向かって表現する以上、賛否両論が存在するから「おもしろい」と笑ってもらえればうれしいし、「太田がまた生放送で無茶をやった」と言われりゃ無視されるよりはいいよなぁと思ったり、小説を書いて「太田が出すぎてる」と批判されたら、やっぱり悔しいから。

いっぽうで、アーティスティックというのか、我が道を行くという表現方法もあるでしょ？　でも、俺に限らず、芸人はその道を選ぶことは許されない。

理由は簡単で、笑いが大衆芸能であるということ。

漫才でもコントでもいいけど、劇場の舞台に立って、ひとつも笑いがこない、まったくウケないことの恐ろしさっていうのは、あそこに立たない限りわからない。空調の機械音しか聞こえないぐらいシーンとしてすべった時の恐ろしさといったら、大げさじゃなくて言語を絶するから（笑）。

芸人だったら誰しもそういう経験をしているから、我が道を行くだなんて大衆から離れることはなく「次は絶対に笑いを取る」とネタを磨くし、少しはウケるようになったとしても、劇場の片隅でひとりだけ笑わない人がいたとしたら「意地でもあいつを笑わす！」となる。

そういう意味では、立川談志という落語家は不思議な人だったなぁと思う。

もし、俺が出会った人々のなかで「一番個性的だと感じた人は？」と聞かれたら「立川談志」と答えるんだけど、誰が聞いても届く落語をやってくれるくせに、本人はどこか得体が知れなかった。

最後まで世間話ができなかったからね。いきなり核心から話し始める人だったし、その多くは哲学的で、しかも常に悩んでいた。もちろん、俺の思索や経験が師匠に比べて圧倒的に足りていなかったということだろうけど、いまだに立川談志という個性は、強烈なインパクトを俺に残している。

あとは、テレビをゼロから作った時代のどさくさ紛れな人たちっていうのは、みんな個性的だ。永六輔さん、野末陳平さん、そして高田文夫さん。野末さんなんて、談志師匠と毎日電話で話し込むぐらい仲がよかったのに最後は絶交してしまう。個性的うんぬん以前に、子供かよと（笑）。そんな野末さんの内緒話をある人から聞いたことがあって、おっぱいパブに行って大喜びしていたと。80歳をとうに超えているのに、元気かよと（笑）。

もちろん、そんなおいしい話を内緒にしておけるはずもなく、ラジオでさっそくしゃべったんだけど、それを聞いた陳平さん本人も喜んでくれたみたいだった。

いやはや、どさくさ紛れの人たちは、懐が大きいというか、そもそもいい年しておっぱいパブってどうなんだろうと笑ってしまうことを含め、本当に個性的です。

■好き嫌い

そもそも愛と憎しみは、同じ場所にあると思っているから

好きと嫌いなら、俺はどちらが多いタイプなんだろう？　この手の問いかけは「ふつうっていったいなに？」という自問自答に似て、ひどく答えにくいんだけど、まぁ、自分が思う好き嫌いの割合で言うなら、ふつうです（笑）。

好き嫌いの問題は、相対的であることが難しい。たとえば、ＮＨＫの朝ドラが好きで毎朝見ていたとしても、じゃあ、黒澤映画よりも好きかといえばそうでもないというグラデーションが存在する。

その点、食べ物の好き嫌いは単純でいい。たまごかけごはんとか、お茶漬けとかのシンプルなものが一番好きなんだけど、ゴテゴテしたフランス料理が嫌いかというと〝ゆっくり会話を楽しみながら小出しに食べる〟というあの作法が苦手なだけだと思う。俺は小食だからすぐにおなかいっぱいになってしまうし、できれば食事はささっと済ませたいってだけで、味そのものが嫌いなわけじゃない気がする。

世間から誤解をされているなぁと感じるのは人間の好き嫌いで、実はかなり少ないほうだと思う。番組が始まるタイミングなどで「ダメな人っていますか？」なんて聞かれるんだけど、そんなものは一切ない。世の中的にはいろいろ言われてるみたいだけど、俺からの共演NGはなくて、もしあるとすればそれはスタッフサイドの忖度だから（笑）。

さて、好き嫌いの話ね。人ではなく「出来事」なら、俺の好き嫌いは世間の人と少し感覚が違っているのかもしれない。

たとえば、日野皓正《てるまさ》さんが教え子に対して「教育だ」と語り、世間的にも「愛のムチ」という論調もあったビンタ事件。2017年のことなんだけど、客を入れてのコンサートのアンコールで事件は起こる。ドラムソロを叩き続ける中学生。ドラムスティックを取り上げる日野さん。それでも素手で演奏を続けてやめようとしない中学生を日野さんがビンタをして制止した。あれは、当時のサンジャポ（『サンデー・ジャポン』）の現場でもトピックスとして取り上げられたんだけど、出演者の多くが日野さんをかばう雰囲気だったのが気持ち悪かった。なぜ、あの行為とその後の言動をみんなが許すのかが理解できなかったからだ。

あの出来事での俺の違和感はいくつかあったんだけど、最大のポイントが「あれは教育だった」と日野さんが語ったところ。つまり、ビンタという行為そのものよりも、そのあとの言動ね。もし、日野さんが「ついかっとして手が出てしまった」と言ってくれたのなら、人間なんて誰しも未熟なわけで、それ以上は責めようがない。そういうこともあるよなぁで終わりの話だ。なのに、「教育」という言葉にすり替えるのはあまりにも姑息だし、気が小さすぎる。

よくよく考えてみると、「愛」と「ムチ」というふたつの言葉を相反するかのように並べた「愛のムチ」という言葉も不思議な単語で、そもそも愛と憎しみは、相反などせずに、同じ場所にあると俺は思っている。

人間がまだ言葉を持っていない時代を想像してみたとする。

いまでは「愛」と呼ばれる、あの衝動的な他者に対する強い思いを「なんだこの感情は?」と原始の人々は言葉にならぬからこそ悩んだかもしれない。でも、その強い思いが相手と共有できなかったのなら、衝動的に殴ってしまったり、最悪の場合は殺してしまう場合もあったはずだ。現代を生きる我々は、それを「憎しみ」と呼ぶだろう。

ということは、「愛」も「憎しみ」も、同じ場所にあるということ。

言葉は大切だ。でも、それは人間の感情を便宜上ひとつにくくっているというだけで、実は多くの思いが混在している場合のほうが多い。たとえば子供の頃の遠足が「楽しい」と感じるだけでなく「寂しさ」も含まれていたり、ひとつの単語に集約なんてできずに、いろいろな感情がごちゃ混ぜになっているのが人間なのだから。

そういう意味では、日野さんの行動にも愛はあったとは思う。でも、客前にもかかわらず、まずはドラムのスティックを取り上げて投げ捨て、そのあとで髪の毛をつかんで振り回して、さらに往復ビンタをする。あの三段攻撃を愛という言葉だけでまとめてしまうのはかなり無理があるし、憎しみや苛立ち、そして「世界の日野皓正」と呼ばれるほどのプライドが傷ついたという、およそ「教育」とはほど遠い、彼自身の感情の問題もあの暴力には含まれていたと俺は想像する。

傷ついたかもしれないプライド。

その点が、俺の違和感その2でもある。

あの映像の髪の毛をつかんでビンタをした人物が中学校の音楽教師だったのなら、はたして世間は「愛のムチ」とかばっただろうか？　おそらく、世間は一斉にバッシングしたはずだ。つまり、「世界の」という冠がつくからこそ、日野さんは許されたわけで、それってどうなのよと俺は思ってしまう。教育というのなら「世界的音楽家」も「市井の学校の先生」も関係ない。

百歩譲って、あの行動が、世間が使う意味での言葉としての「愛のムチ」だとして、だからなんだよって話だから。愛があればムチ、つまり暴力も許されるんだったら、愛する人への暴力はすべて許されてしまうし、戦争も許されるということ。それじゃ困るから、もっと違う答えを人類は常に探してきたわけでしょ？

言葉は文明だ。言葉がうまれた瞬間に、人間の感情はすべて言い尽くせるという前提に立たされた。宿命と言ってもいい。文明の代表格が、哲学であり科学なわけで「なぜ人は生きているのか？」「なぜ地球に人類が存在するのか？」という問いを、時代も洋の東西も超えて考えさせられ続けてきた。それはかなりの無理がある前提なんだけど、だからこそ文明は進歩してきたし、言葉の力はそこにある。

それと同時に、だからこそ言葉は危ういということ。

言葉は便利だからこそ、人を翻弄する。複雑でごちゃ混ぜな感情を便宜上ひとつの言葉に集約しているだけの単なる道具であるということを、人間は時々思い出さなきゃダメなのだと思う。

そして、俺の違和感その3。

あの出来事で、もうひとつひっかかったのが会場を訪れていた人々の笑いだ。

日野さんがドラムの子がソロ演奏をやめないからとそばに寄って、スティックを投げ捨てた瞬間に、客席の人々は笑う。さすがに日野さんが本気で怒っていることはわかってるはずなのに、笑う。おもしろいことなんて一切起こっちゃいないのにその場を丸く収めようとする、感情としての反作用的な笑い。客が笑ってしまうのは生理的なものだからしょうがないんだけど、客前に立つ人間があの手の笑いを起こしてしまうのが俺は嫌いだし、あのイベントを「舞台」だとするのなら本当にダメな表現だったと思う。

少なくとも3つの違和感という意味で、俺はあの出来事が嫌いだけど、だからといって日野さんという人間を丸ごと全部嫌いになるわけじゃない。会ったことがないのだから、好き嫌いを判断しようがないし、したくない。

もし、日野さんに会うことがあったら聞いてみたいことは、「人間は暴力の代わりに楽器を持ったんじゃないですか？」という問いだ。

俺はジャズという音楽が好きだ。そのルーツからして素晴らしくて、虐げられた黒人が解放に向かってうみ出したわけでね。西洋音楽をベースとしつつ、「俺たちの音楽を！」と苛立ちや憎しみを込めた叫びがジャズになったというその背景も素晴らしい。

あの出来事で日野さんが言った言葉で唯一共感できたのは「音楽はまわりとの調和

が必要だ」ということで、たしかにその通りなんだけど、なのに暴力で解決しようとするなんて、あの瞬間の日野皓正は、自分が人生の多くを捧げてきたジャズというジャンルを冒涜してしまったのだと思う。

好き嫌いを超えて、喜怒哀楽を全部ひっくるめていいのなら、俺が表現をするうえで一番大切にしたいと思っているのは「問い」だ。そりゃあ、怒りもある。爆笑問題を結成してわずか3ヶ月目で、田中が「解散だ！」と叫んだ瞬間にはこっちのほうが頭にきたし、呆れもした。でも、その怒りを直接的に表現するよりも「なぜ俺はあの時に怒ったんだ？」という問い。そんな自問自答を大切にしたい。

そんな自問自答のなかで、実はずっと考え続けていることがある。

それは、なぜ三島由紀夫は最終的に割腹自殺という肉体表現に頼ったのかという疑問。好き嫌いで言えば、俺は三島の文学が大好きなんだけど、あれほど冴え渡った言語表現の天才がなぜ自分がやってきた表現を全否定するかのように、最後は肉体で表現したのか。

俺は三島の最終的選択を、できれば否定したいとずっと考え続けている。

文学好きとしては、彼の描く小説の言語表現が大好きだったわけで、割腹自殺という肉体表現に惹かれているわけではないからね。けれど、右翼も左翼も超越して、日本にとどまらず世界からも注目されたのは、割腹自殺という肉体表現のほうだった。

それほどまでにあの出来事は衝撃的だったわけだけど、俺は共感できないし、「なぜ、最後に自分がやってきたこと全部を台無しにしてしまったのだろう?」という問いが消えないままでいる。いまでも答えを探している途中でもある。

そして、その問いは、中東などで起こっている紛争や自爆テロという肉体表現とも直結していると俺は思っている。

■人間関係

どうせ引きこもるなら、矢印を自分に向けて、孤独を感じたほうがいい

人間関係ってやつは、そりゃあもちろん難しい。

高校時代はまったく人間関係というのを築けなかったし、その反動で大学では大騒ぎしちゃってやっぱり浮いて人間関係もへったくれもなかった。芸人になってからは、少しは自分のそういうところも生かせているかもしれないけど、俺は、人との距離感がへんてこりんなんだと思う。

社会性なのか協調性なのか、そういうのが本当に苦手だ。

苦手というか、ふつうのやり方がわからない。さすがにこの年齢とキャリアだから、誰も俺に「まっとうな人との距離感」みたいなものを求めてこないからいいんだけど、改めて考えるとダメだよなぁとは思う。

たとえば、テレビの世界には、番組スタッフが出演者の誕生日をサプライズで祝うみたいなノリがあるでしょ？　収録終わり。いつもはなにも言わないプロデューサーが「今日は誰々さんの誕生日でーす」などと言い始める。その日たまたま来たゲスト出演者が楽屋に戻ろうとすると止められちゃって、みんながいる場所へ戻される。で、電気を消して、ハッピーバースデー的な曲が流れて、ADがケーキを持ってきて花束渡す、みたいな。

あぁいうのが、本当にダメ。ひとことで言うと、めんどくさい。そりゃあ、若いモデルの子とかだったら「きゃーうれしい！」などと喜んでも絵になるんだろうけど、こんなおっさんが喜んでも絵にならないし、そもそもうまく喜べない。

だから、マネージャー経由でやめてねってお願いしているんだけど、ごく稀に「それでも！」つってサプライズをしかけられた日には、誕生日なのにお通夜みたいだから（笑）。ちなみにだけど、タモリさんも自分の誕生日を祝われるのが好きじゃないのか、『笑っていいとも！』時代は、俺とタモリさんにはサプライズがなかった。

そういう意味では、ジャニーズの連中は本当にすごい。

若い頃から自分たちが座長という自覚があるのか、先輩たちを見て学んだのか知らないけど、人間関係の構築の仕方が素晴らしい。

木村（拓哉）くんなんて、自分が主役の連続ドラマの時のリーダーシップたるやすごいらしいからね。田中が共演した時のことを聞いたんだけど、連続ドラマの場合、やっぱり回を重ねるごとに現場がだれてはくると。そんなある日、「木村さんから差し入れでーす」とスタッフの声がするほうを見たら、本物の屋台のラーメン屋さんが来ていたんだって。出演者もスタッフも屋台に列を作って笑顔になって、「さぁ、午後からまたがんばろう」と、一気に士気があがったらしい。そりゃそうだよなぁと思う。現場に突然、ラーメン屋の屋台が現れたら、それだけでもうなんか楽しいから。

ところが、俺たちの場合は、ふたりともが士気のあげ方が下手っていうね（笑）。

爆笑問題のリーダーは田中だから、「お前、差し入れかなんか持ってこいよ」とか言うんだけど、次の現場でスタッフから聞こえる声は「渡辺満里奈さまから差し入れでーす」だったりする。「やべぇよ、満里奈ちゃんに先越されちゃったよ、来週こそ頼むぞ」みたいなやりとりをいまだにしてる感じだから、そりゃあ士気なんてあがるわけがない（笑）。

そんな感じで、俺の人との距離感が変なんだろうけど、それでも自分としては心地いいなぁと感じるのが、くりぃむしちゅーの上田（晋也）や伊集院（光）としゃべっている時だ。ふたりとは1年に1回とか、へたすりゃ2年に1回ぐらいだけど、番組の収録終わりで「まだ話し足りねぇな」と飯に行ったりする。

あとは、事務所の後輩とバカ話をしている時も気楽でいい。

あまり出歩かないタイプの俺だけど、タイタンのメンバーで社員旅行みたいな感じで温泉旅行に行った時は、おもしろかった。ウエストランドとかのああいう連中とくだらない話しを延々としてたんだけど、そのうちのひとりにミヤシタガクというピン芸人がいた。2014年に『R‐1ぐらんぷり』の決勝まで行ってる、ちょっと顔色の悪い真っ白なうらなりみたいなやつね（笑）。俺はそいつに会うと「お前、やっぱ死んでんじゃないか?」としつこいボケを繰り返すのがお約束なんだけど、田中の親父さんの葬式でも「あれ? 死体が歩いてるぞ」とか散々いじったあげく「親父さんと一緒に燃やそう」としたっていうね(笑)。

で、温泉旅行の時にそいつと話していたら、やっぱり人間関係をこじらせていた。ミヤシタは岩手県出身なんだけど、中学、高校の6年間ずーっと引きこもりだったと。「お前よくネットが普及してない時代に引きこもれたな?」と俺が聞いたのね、「なにしてたの?」と。そしたら、地元の新聞と日経新聞と読売新聞をミヤシタ家ではとっていたらしく、その3紙を隅から隅まで読んでいたんだって(笑)。

ネットが普及してない時代でも引きこもりできてたのがすごいなぁと思ったけど、気になるのは、その理由じゃない? それで「なんで引きこもったの?」と聞いたら、昔からお笑いをやりたかったと。でも、両親ともにお役所勤めで堅い家だったと。ある時、ミヤシタの兄貴もお笑いをやりたくて両親に直訴したら「許さん!」と猛反対されて、その場面を見た瞬間に絶望して引きこもったと言うんだけど、「いや、それは兄貴の場合でお前が反対されたわけじゃねぇだろ!」って(笑)。「しかも、それだったら家出しろよ！　引きこもってどうする！」って、みんなで散々盛り上がって、楽しかった。

さて、ネットのあるいまの時代。

いつの頃からか「リア充」という言葉が使われるようになった。

その言葉は、リアルな生活が充実していないと自覚している側が作った自虐的な言葉だろう。それにプラスして、リア充しているやつらをちょっと茶化したい気持ちもあるのだとも思う。俺はネットで名前も出さずに勝手なことを言ったり批判や評論をするやつらが好きではないけど、「リア充」という言葉をうみ出した彼らのその自虐性が、わからないわけじゃない。

俺の場合は、ミヤシタと違って暗い高校生活でも皆勤賞だった。

いま振り返ると、なにに対して負けたくなかったのかよくわかんないんだけど、毎日誰ともしゃべらずに学校へ通った。でも、人間関係はボロボロなわけでね。その時期の俺は文学にのめり込んでいたから読書によって時間をつぶすことができてたけど、もしあの時代にインターネットがあったら、そっちに夢中になっていたかもしれない。

でもね、はたして本当の意味でリア充な人間なんているのだろうか？

俺が高校時代の反動で大騒ぎしていた大学時代を振り返ってみる。

暗黒の高校時代に考えていたことは、大学に行ったら友達を作る。ただ、それだけだった。日芸は変わったやつが多かったから友達もできた。田中ともそこで出会ってるしね。高校時代と比べれば楽しかったけど、実は、どこかで「大学生の楽しみ方っていうのはこういうことでしょ？」みたいな雛形を、なかば強制的に追いかけさせられていたような気がする。根底にあったのは、大学生なんだから楽しまなきゃいけないという強迫観念。自発的にではなく、なにかに踊らされているような感覚が、たしかにあったように思う。

それでまた、人と交わるほどに、人間関係は複雑になっていく。

大学生の男なんてみんなそうだと思うんだけど、結局は、セックスしたい、彼女がほしい、モテたいというのが行動原理なわけでしょ？　ご多分にもれず俺もそうだったんだけど、そうすると彼女はできたけど悩みは増えるわけでね。高校時代のように自分で自分の欠点を悩むだけじゃ済まないから、人間関係の難しさが増えていった。もしかすると、ネットで「リア充」を茶化している人たちは、そういうことを案外とわかっていて、「こっちのほうが楽だ」とアニメやゲームの女の子との人間関係で満足しているのかもしれない。

ただ、恋愛に関しては人それぞれでいいんだけど、ネットの世界に引きこもっている人がいるとして、ダメ出しの矢印みたいなものについては一度考えてみたらどうかなぁとは思う。

高校時代の俺は、自分だけがおかしいと思っていた。自分のダメなところを痛いほどに自覚していたから、俺以外の全員がもっとうまくやっていると思っていた。つまり、ダメ出しの矢印は常に自分に向いていたことになる。

でも、リア充という言葉の裏側には、「リアルが充実しているやつら」以外に「非リア充グループ」があって、自分はひとりじゃないという連帯感みたいなものがあるように思う。もしそうだとすると、そんなグループ意識がある限り、矢印は「リア充」なやつらに向かってしまう。時には攻撃的にもなるだろうし、なにより、自分のことを省みる時間なんて持てやしないのがもったいない。どうせ引きこもるのなら、矢印を自分に向けて、もっと孤独を感じたほうがいいのになぁと思う。

まぁ、芸能界の誕生日のお約束すらこじらせている俺がなにを言ってんだって話だけど、人間関係の難しさでは、もうひとつ思うところがある。

それは、人と人との距離感は近づくほどに難しくなるということ。

たとえば、テリー・ギリアムという映画監督。イギリスで活動していた頃の彼が所属していたモンティ・パイソンは、アメリカのテレビ番組『サタデー・ナイト・ライブ』とはまた違うブラックなコメディセンスが人気だった。

そんなテリー・ギリアムが爆笑問題の番組にゲストで来てくれたんだけど、ある映画の内容でバチバチにやりあってしまう。

俺は彼の映画が好きだったんだけど、あの場面はこういう意図を感じておもしろかったと告げると、彼は「違う」と言う。そういう意図であの場面を作っていないと続ける。いやいやいやと。映画に限らず、小説でもなんでも、あらゆる表現というのは、観客や読者が感じたことがすべてだと俺は思っているから、「違うとはなにごとだ！

お前の狙いなんてどうだっていい！」と例によってやり始めちゃったわけ（笑）。「映画が監督の手を離れて公開されたら俺の感想がすべてだ！」と自分にとっての真実を感情のままにぶつけたんだけど、その時に感じたのが、人間関係の難しさだった。

もしもあの時、テリー・ギリアムと対談できていなかったのなら、俺たちのコミュニケーションは彼の映画を観て俺が感動するという、そのやりとりだけで完結していたはず。ところが、たまたま俺がこういう仕事に就いていて、実際に会ってしまったから、特殊なコミュニケーションになってしまう。もちろん、その後なぜかテリー・ギリアムは爆笑問題を気に入ってくれて来日する度に会えて話せたりと、その特殊さがおもしろかったりもするんだけど、彼がアメリカで作った映画を日本で俺が観るというコミュニケーションの遠さと、実際に顔をあわせてそれをする近さの違いというのは確実にあって、近づくほどに人間関係は難しくなっていく。

ジョン・アーヴィングという作家と実際に会った時もそうだった。

俺はサリンジャーとヴォネガットとアーヴィングが、アメリカの小説家で大好きな3人だと告げた。すると、アーヴィングはヴォネガットに自分がもらったサインをうれしそうに見せてくれたわけね。ここまではよかったんだけど、「俺はヴォネガットは大尊敬しているけどサリンジャーとは一緒にされたくない」などと言う。

俺はひどく驚いた。というのも、アーヴィングの小説のエッセンスにサリンジャー的要素は確実に含まれていると感じていたからだ。だから、そのまんまのことを言ったら、アーヴィングは、こんな言葉を返してきた。

「いや、俺はあんなやつとは絶対に違う。サリンジャーは晩年になると人間嫌いで隠遁《いんとん》生活を送ったけど、俺は社交的でいろんなパーティにも行くし、レスリングで体を鍛えて健康的でもある。それに、この間もサリンジャーの『ライ麦畑でつかまえて』を読み返したけど、やっぱりひどいよ、あれは」

おいおいおいおいと(笑)。この間読み返したって、それって嫌いな小説だったら絶対しないわけで、大好きではないかもしれないけど、少なくとも影響は受けているはずでしょって。

それでも、アーヴィングはサリンジャー批判を繰り返したんだけど、いま振り返ると特殊なコミュニケーションだったと思う。テリー・ギリアム監督の時と同様に、特殊だからこそおもしろかったとも言えるけど、あの時の俺たちの会話がわかりあえたものだったとは言い難い。人間関係ということで考えれば、やはり、近づくほどに難しくはなる。

作品を離れて、自分の生活で考えても、揉めるのって、たいていは身近な人とだ。

俺はなにかを発信する立場でもあるから、たとえばテレビの仕事で距離の遠い視聴者へのメッセージはわりとすんなり伝わるのに、立場の近い人のほうが伝わりにくいことが多い。それはたぶん、人間関係の距離感の問題で、近い場合は、お互いが伝えたいことの発信を同時にしているから、それぞれの「わかってほしい！」がぶつかりあってしまう。

そう考えると、本当の意味でリア充な人なんているのかなという疑問と同様に、人間関係がうまい人間なんて存在するのかなぁとも思う。社交性にすぐれた人はいるだろう。ジャニーズの連中の素晴らしさのようにね。でも、それこそサリンジャーのように隠遁生活でもしない限り、人は人とかかわってしか生きられないのだから、誰もがみな、大なり小なり人間関係で悩んでいるんじゃないかなぁ。

カート・ヴォネガットは「親切」という言葉をよく使っている。

人間と人間との間で一番重要なことというのは、親切にすることだとも言っていて、それは俺が思うヴォネガットらしい素晴らしい表現だ。愛情としていないところがヴォネガットっぽくていい。「好き嫌い」のテーマでも話したけど、愛と憎しみは実は同じところに存在していて、ある場合は、片側を切り取っているだけだから。

ひるがえって、自分自身ね。

俺が他人に親切にできているかなんて、ふだんの生活ではまったく自信がない。

でも、ひとつだけ思うのは、おもしろい芸人というのは、みんな親切だなぁということ。俺がはずしてしまった時に、誰かがツッコんでフォローしてくれるだとか、出演者が多い現場なら「今日はこいつがしゃべってないな」と、そいつに話をふるといったやりとりを常にしていないと、おもしろい番組なんてできやしないから。

そういう意味では、人間関係が苦手な俺でも、どうにかこうにかこの世界でなら生きていられるのは、親切な芸人仲間のおかげなのかもしれません。

■いじめ

「いじめ」と「いじり」は違うと言うが、俺はまったく同じだと思っている

「いじめ」と「いじり」は違うと言う人がいる。

でも俺は、「いじめ」と「いじり」はまったく同じものだと思っている。

同業者でも意見がわかれるところだろうし、愛情を持っているから芸人のそれは「いじり」で「いじめ」じゃないと言う人もいるはずだ。でも俺は、そんな理屈は通用しないと思う。じゃあ、いじめっ子たちから「僕たちは愛情を持ってやっているからこれはいじめじゃない」と言われたら、もうお手上げなわけでしょ？　少なくとも俺が

「チビ」「片玉」と田中をいじる時に、もちろん愛情は持っているけれど、蔑《さげす》みの心はたしかにあって、そのやりとりをみんなも笑っている。

人をバカにして笑ったことがない人なんか存在しなくて、「私は人をバカにして笑ったことなんて一度もありません」と言い切っちゃうやつほど嘘くさいものもない。

おそらく、人間は弱者を笑う感覚を備え持って、生まれ落ちる。

たとえば、「あたたかい笑い」と呼ばれるものにもその感覚は含まれていて、赤ん坊が目の前でパチンと風船が割れてびっくりするみたいな映像があるとする。それを見てみんなが笑うことを「あたたかい笑い」としているけど、実は、「自分も昔はあだったなぁ」という共感から笑っているわけでね。人間には「不完全なものに安心して笑う」という感覚が備わっているんじゃないのかなぁ。

実は、いじめにもこの感覚が含まれていると思う。つまり、蔑みの心だけでなく、いじめられて蹴られたやつの痛がっている様子を見て自分も「痛い」と共感しながら、自分よりも不完全である弱者を見て安心して浮かんでしまう笑い。

チャップリンの笑いがまさにそうだった。

汚い格好をして山高帽を被って大きな靴でドタバタ歩いて、子供たちに石を投げられる。それを見た世界中の観客は大笑いして喜んでいた。そこには、嘲笑の気持ちも共感の気持ちも同居していたはずだ。

考えてみれば、その頃のチャップリンは世界的な大スターで大金持ちだった。出自としては貧乏で底辺からはいあがってその地位を手に入れたわけだけど、乱暴に言ってしまえば、金持ちが浮浪者に扮していたということ。つまり、チャップリンは確信犯的に、弱者もちゃんと笑いにしていた。

時代がいまよりも寛容だったからなのか。チャップリンの浮浪者は世間から批判されなかったけど、その笑いは、いまの日本では絶対にやってはダメだと言われているいじめと根底では、つながっていると思う。

そして、現実のこの世界では、いじめを受けて自殺してしまう子供がいる。いじめといじりが同じだとするのなら、時に笑いは人を殺しうるということで、それぐらい笑いの取り扱いは難しい。

以前番組で、いじめを受けて一般の学校には通えなくなってしまった子供たちと、自殺について話しをしたことがあった。

ちょうどその頃、いじめを苦にして自殺をしてしまった子供のニュースが話題になっていたから彼らと話してみたかったんだけど、俺がそのニュースから感じていたことは、「その自殺もまたいじめと同じじゃないのかな?」だった。つまり、復讐じゃないのかと感じていたんだけど、その時に話しをした子供たちは「あの子が死んだのは復讐なんかじゃないと思う」とする子がほとんどだった。

彼らの気持ちを考えてそれ以上の言葉は続けなかったけれど、いまでも心の内で思っているのは、人間は自分がひどいことをされたら復讐をしたいという気持ちを抱いてしまう生き物であるということ。

実際に、いじめで自殺してしまう子供の遺書のなかには、「誰々くんと誰々くんがいじめました」と実名を残している子もいるわけで、やっぱり復讐として自殺の道を選んだ子供もいるのではないかと思う。

遺族も残されていることだから難しい問題だけど、いじめの定義を自分より弱者を作って困らせて安心して笑うとするのなら、復讐心からの自殺もまたいじめと同じではないかと、やっぱり俺は思ってしまう。

では、いじめの問題を解決するにはどうしたらいいか？

そんな難題を俺ごときが見出せはしないけれど、もし、いじめの渦中にいる子供がいるとしたら、世間の価値観やルールになんてしばられることなく、もっと自由でいいよとは言えるかもしれない。

行きたくないのなら学校なんて行かなくていいし、いじめる側がルールを逸脱しているんだから、こっちもルールなんて守らなくていい。知恵をふりしぼって、そいつらの恥ずかしい噂を流して逆に学校に来れないようにしちゃうとかね。まぁ、そういう逆転の発想だとかは、将来芸人を目指すようなタイプなら可能だろうけど、ルールから逸脱できない子がいじめにあうと本当に苦しいんだろうなぁと思う。

タイプとしてはいじめっ子だった俺は、高校時代に誰とも口をきかない3年間をすごした。それは、いじめにあったわけではなく、自分でそういう状況を作ってしまったんだけど、「毎日つまんねぇな」とは感じていた。

そんな時、たけしさんがラジオで自分が苦労した時代の話をおもしろおかしくしゃべっているのを聞いて「いつの日か、こういう俺の時間もネタになるのかもな？」と感じていたし、太宰治の「生まれて、すみません」的小説を読んで「あぁ、こんなに苦しいことも文学になって売り物になる。しかも人を感動させられるんだ」と思ったりね。

極め付きは島崎藤村で、彼の小説はいま読んだらひとつもおもしろくはないと思うんだけど、友達のいない高校時代をすごしていた俺にとっては、「私は苦しい」ということを延々と書き続ける島崎藤村の作品に、たしかに救われていた。だって、文体や心理描写などの文学的な技術が圧倒的に素晴らしいとはいえ、要は、実体験が苦しければ苦しいほど、小説としてはすぐれたものになるってことじゃない？　そりゃあ、暗黒とも言える高校時代をすごしている俺からしたら、ひとつの明るい兆しだったし、救いのひとつだった。

すべからく、人間は残酷な一面を持っている。

笑うし、笑われるし、いじるし、いじられるし、いじめるし、いじめられる。

いじめる側もいじめられる側も、そんな人間のひとりで、誰もが完璧じゃない。

だからこそ、その残酷さに蓋をして綺麗事とせず、みずからの作品や芸で人間を描く表現者に俺は感動するし、そういう作品に救われてきた。それらの表現のなかには、チャップリンやたけしさんたちの「笑い」ももちろん含まれている。

そういう意味では、笑いは時に人を殺しもするし、時に人を救うのだろう。

だからやっぱり、笑いは取り扱いが難しい。

■格差社会

お金で階層分けしてくるなら、価値の置き方でひっくり返せると思う

インタビューなどで質問されて答えに困る話題のひとつが「格差社会」だ。

なにが困るって、自分自身に就職の経験がないということ。サラリーマンの人や契約社員の人だったら身をもって感じていることをまったく知らないから、世間の人が問題視する「格差」や「貧困」にいまひとつピンとこない。芸人なんて、売れてなきゃ失業者なわけで、格差などというものはあって当たり前な世界。実際に爆笑問題にも失業者状態の時期があったけど、だからといって格差を是正してほしいなどと思った

ことは一度もないし、俺に限らず芸人を名乗ってるやつでそんなことを口にした人を見聞きしたこともない。

その感覚は、芸人だけじゃない。番組で会った俳優の仲代達矢さんも「我々の商売は、正業じゃない。ヤクザな仕事でしょ?」と言っていたから、芸能界で生きている人は、みんなそう思ってるんじゃないかなぁ。

もちろん、政治や社会制度というのは、弱者を救うものであるべきという理想は常に持ってなくちゃダメだとは思う。実体験としても、親父やおふくろが晩年を病院やホームですごしていた時に知り合った看護師や介護士の人たちがこぼす「この仕事は大変」という言葉には感じることも多かった。その大変さは、人手が足りず賃金も安いという世間的にも言われている事柄だったんだけど、「なんとかなんねぇのかな?」とは思いつつも、俺ごときがどうこうできることでもない。

現実は残酷であるということ。

その残酷さは、なかなか取り除けるもんじゃない。そういう前提が俺にはある。

かつて、芸人仲間にキリングセンスの萩原(正人)という男がいた。

俺は格差とか貧困というと、必ずこいつを思い出すんだけど、要は売れない芸人でずっと貧乏だった。昔は、貧乏芸人の特集というと必ず萩原が登場していたんだけど、いまどきこんな家があんのかよってぐらいの汚いほったて小屋みたいなところに住んでいてね。そのくせ、酒ばっかり飲んでるやつだった。

ある時、そんな萩原がB型肝炎を患う。肝臓がダメになってしまって、肝硬変も併発してしまう。静脈瘤破裂で吐血して病院に運ばれるんだけど、医者からは「あと1週間の命です」と余命宣告されるわけ。運び込まれた時は意識不明の重体だったんだけど、そこから奇跡的に持ち直して、なんとか意識も取り戻した。

で、ここからが長い話ね（笑）。

見舞いに行った俺が萩原に「移植とかできないの？」と聞いて、肝臓移植の話になる。萩原いわく、B型肝炎の患者は移植の対象外であると。なぜなら、移植したとしても再発の可能性が高いから日本では移植が認められていない。「だから、僕は移植の対象に入っていないんです」と萩原は力なく言う。

その言葉に違和感があった俺は、パソコンで徹底的にB型肝炎や日本における臓器移植のことを調べまくったら、あるNPO法人の存在に辿り着いた。すぐにそこへ電話して、萩原の状態や、俺の違和感を相談してみたわけ。

すると、電話口で応対をしてくれた人が、こう言ってくれた。

「つい最近、ラミブジンというB型肝炎に有効な新薬が開発されました。エイズの研究からうまれた副産物のようなものです」

さらに、ラミブジンは開発されたばかりで、日本の現場の医者は知らないかもしれないとのこと。ラミブジンはB型肝炎のウイルスを抑える薬だから再発を防ぎ、この新薬によって臓器移植が可能になるとのことだった。

その時、まず俺が思ったことは「ほらみろ！」だった。さっそく萩原の病院に行って、「お前はバカか」「無知で死ぬのはやめてくれ」と、そのNPO法人を紹介した。その人たちと相談しながら、萩原はアメリカでの臓器移植の道を探ることになる。

萩原には、幼稚園に通う子供がいたんだけど、日本の医師からは「小学校の入学式はかろうじて見れるけど、卒業式は見られませんからそのつもりで」と言われていた。いまの日本では法律が変わったから臓器移植の可能性があるんだけど、当時の事情としては、リアルな余命宣告ってやつだった。

だから萩原は、アメリカでの臓器移植のために海を渡った。

ちなみに、当時のヨーロッパでの臓器移植事情はどうかというと、自国の人間を優先していた。ところが、アメリカというのは、臓器移植に関してもさすがは合理主義の国で、外国籍の人間だろうがなんだろうが、症状の重たい順に移植リストの順位があがっていく。まぁ、そこは難しい面もあって、萩原の症状だと、悪いには悪いけど最優先ではないという感じで、移植手術が先延ばしになっていた。

2年ほどが経った頃だろうか。

萩原から電話があったんだけど「太田さん、いままで本当にありがとうございました」と泣いてるわけ。いよいよ肝臓がダメになって、腎臓のほうも人工透析でも限界に近づいていて、おまけに脳症も併発して気が狂ったようになっているとも聞いていたから、「そんなこと言うなよ」「まだあきらめるな」と励ましつつ、2年も経っているし、よくがんばったほうなのかなぁと俺まで落ち込んでしまう。そんな最悪の状態になったタイミングで順位も最上位にあがったというのに、ドナーがまだ見つからないとのこと。

ところが、それから2時間ほどで、また電話が鳴った。

「太田さん、いま見つかりましたぁ、ドナーが！」

俺は「は？」と思った。2時間前の電話での落ち込みはなんだったんだと（笑）。でも萩原は「いまから移植手術してきます！」とひとつ前の電話とはうってかわった明るい声で電話を切り、日本人初の肝腎同時移植に成功して、やがて、日本に戻ってきた。

さて、そんな流れがあっての格差社会の話ね。

臓器移植が成功して、一命をとりとめた萩原は、当時の日本の状況などを考えると、幸運だったと思う。渡米当時から、奥さんも一緒にがんばっていたし、日本に戻ってからは書籍を出すなど、萩原自身も仕事を再開していた。

でもね、あいつの貧乏と不幸な物語は続くわけ（笑）。

まず、キリングセンスの相方から解散を切り出される。しょうがないっていうんで、ピン芸人の活動とライターの仕事を両立しながら続けていたんだけど、そうこうしているうちに奥さんがバイト先で浮気して逃げてしまう。せっかく移植は成功したっていうのに、相方にも逃げられ、嫁さんにも逃げられるって、お前はどこまで不幸なんだよって俺は笑った。こういう場面で笑ってしまうのは、芸人仲間独特な感覚かもしれないけど、もはや笑っちゃうしかないぐらいの不幸っぷり。

ただ、萩原という男は、不思議な運だけは持っているようで、嫁さんに逃げられたあとで再婚をしている。その相手というのが、臓器移植後に出版した書籍のサイン会に列を作っていたなかで唯一の女性で、昔からただひとりのキリングセンスの女性ファンだった。しかも再婚のきっかけが偶然にもほどがあって、サイン会からしばらく経ったあとで、萩原が阿佐ヶ谷を歩いていたら「萩ちゃん！」と呼ばれて振り向いたらその子だったんだって（笑）。

そんなわけで、なんだかんだで再婚したんだけど、その新しい奥さんというのができた人で、萩原の移植した腎臓が耐久年数的にダメになると、いろいろと調べて自分の腎臓の一部を旦那にあげることにする。その手術も成功して萩原はいまでもピンピンしている。

だから、萩原自身は運がいいのか悪いのかよくわからないんだけど、まぁ、芸人という世界を目指したんだから本人的には後悔なんてしていないと思う。

でも、子供は自分が生まれてくる環境を選べないわけじゃない？

当然のごとく、萩原の子供も世間一般の価値観では、貧乏と不幸な境遇ななかで育っていく。名前はヒロタカという。

俺は生まれた時からヒロタカを知っていたから、萩原が貧乏ネタで番組に出る時は「ガキも一緒に出せ」つって、散々いじったし、萩原が吐血した直後は、「お前の親父、もうすぐ死ぬからな」と言っていた。そりゃあ、まだ幼稚園児なんだから、そんなこと言われりゃ泣いてしまう。泣き出したヒロタカを見て、父である萩原もビービー泣くっていうね（笑）。

そんなヒロタカが中学生になる頃、だんだんとグレていった。引きこもりのような状態になり、親父にも歯向かうようになったらしい。そりゃそうだよなぁと俺が思っていると、親父である萩原は「もしかしたらヒロタカは学校でいじめられているのかもしれない」と心配するわけ。さすがに気になった俺は、ヒロタカと仲のよかった同じ事務所の後輩芸人にそれとなく本人に聞いてみてくれって頼む。そいつが聞き出したところによると、やっぱり学校でいじめがあるという。「でもね」と、ヒロタカは続けたそうだ。

「いじめはあるけど別にたいしたことないよ。だって、幼稚園の頃に太田さんから受けたいじめに比べれば、あんなのなんでもない」

俺は、大笑いした。そりゃあ子供の頃から「お前の親父、もうすぐ死ぬぞ」と言われていたのだから、同級生ごときのいじめは気にもならないだろう。

ヒロタカはいま、職人になっているそうだ。生活のレベルはどうなんだろう。あまり裕福な生活は送っていないんじゃないだろうか。でも、そんなヒロタカは格差社会についての不満を口にすることなど絶対にないはずだ。芸人の息子として生まれた自分の環境をきちんと受け入れて、あいつなりに自分の人生と向き合っていると思う。

現実は残酷であるということ。

その残酷さは、なかなか取り除けるもんじゃない。

それでも、生きていかなきゃしょうがないという人々を、俺は芸人という職業を選んだからなのか、たくさん見てきた。そういう人々に対して「かわいそう」とは思わないし、そんなことを思うほうが尊大な気がする。

イギリスには、現在でも意識としての階級社会があるそうだ。

階級社会というと日本人はあまり好まないように思うけど、その階級があることでメリットもあるとの説がある。いわく、それぞれの身分のなかでそれぞれの誇りが存在しているから、それより先にのしあがろうという夢を持たないで済むのだという。

たしかに、夢を持ってしまったが故にそれが破れた時の喪失感ほど切ないものもない。夢を持たなければ、そんな喪失感は抱かないで済む。でもそれって、結局は、イギリスと日本の違いというよりも、個人のタイプによるところが大きいんじゃないかなぁ。

夢を持たなきゃいけないというのも違うし、夢を持つのはよくないというのも俺は納得できない。実際、たけしさんは「夢なんか持つもんじゃない」とよく言っていて、たけしさんを大好きになった若い頃からその言葉だけには違和感があった。このことは、たけしさんの著作のあとがきでも書いちゃったんだけど「冗談じゃない」と

（笑）。こっちはたけしさんを見て夢を持ったんだと。その本人が「夢なんて持つな」とは何事だと。そう言っているビートたけしが、ツービートで世に出てきて漫才ブームのど真ん中でブレイクして、お笑いという枠にとどまらず『戦場のメリークリスマス』（一四〇頁※参照）という映画に出てカンヌの映画祭の候補になって、テレビでも天下を取って、最終的にはフランスから勲章をもらうほどに出世する姿をまざまざと見せつけられてきたと。そのビートたけしが「夢なんて持つな」とは、どの口が言うんだって（笑）。

あくまでも本人が言うにはだけど、たけしさんの場合は芸人が第2志望らしい。元々は、数学者になりたかったそうだから、「夢なんて持つな」というのもたけしさんなりの哲学ではあるのだろう。だから、たけしさんの考え方を否定するつもりはないけど、俺は視聴率のことでもなんでも、あきらめきれずに、どうしても夢を持ってしまうタイプだから。そんな夢見がちなタイプに「夢なんて持つな」と言ってもその言葉は届かないし、逆にたけしさんのようなタイプの人に「夢を持て」といくら言っても無理なもの。つまり、イギリスの階級社会であろうが、日本で言われている格差社会であろうが、夢を持つ人は持つし、持たない人は持たなくていい。それぐらいの自由は、貧乏人だろうが金持ちだろうが、あっていいだろって思う。

日本の格差社会でひとつだけ気になるのは、その物差しが、お金ばかりに向いていたら、そりゃあ厳しいよなぁということ。

ひと昔前に「一億総中流」という言葉があったけど、その頃だって中流とは言いつつ、貧乏な人はたくさんいただろって感覚が俺にはある。まぁ、当時は高度成長期も挟んで、大学の進学率もどんどんあがっていった時代だから、いまとは単純に比べられないだろうけど、「意識」として「みんなが中流」と思えていたことは間違いない。

「意識」とは、あやふやで、だからこそやさしさも含んでいて救いがある。ところが、お金にまつわる年収いくらなどの数字は、ドライで厳しい。

でもだからこそ、いまの時代の「格差社会」に紐づくキーワードが年収いくら未満は貧困家庭などとドライなもので階層を分けようとしているのなら、気の持ちようひとつで、なにかをひっくり返せるのかもしれない。

言ってみれば、価値をどこに置くのかということ。

裕福さという価値観ならば、昔の俺といまの生活とでは、圧倒的にいまのほうが上だ。いまの俺ははっきり言って豪邸に住んでいるわけだし、タバコがいくら値上がりしようが気にもならない。いっぽうで、仕事がなくて失業状態の頃は、近所の家の鍵が閉め忘れられてたらいいのになぁと、危うく空き巣に入りそうなこともあった。

正直に言って、もっと稼ぎたいだとかの裕福さへの向上心が俺にはまったくないけど、空き巣の可能性までを考えていたあの頃には絶対に戻りたくないというのもまた本音。つまり、前提としてお金が大切じゃないなどという綺麗事を語るつもりはない。

そのうえで、裕福さではなく、「幸福度のコスパ」という言葉を一番上の価値に置いたのならどうなんだろうね？

子供の頃の俺は、少ない小遣いをやりくりして駄菓子屋で立ち食いするのが好きだった。大人の言葉で言えば、至福の時間ってやつだ。

ちょうどその頃、親が副業で駄菓子屋を始めた友達がいたんだけど、そいつの家に遊びに行くと、俺たちは客だから羊羹かなんかが出されるわけ。でも、友達は家の子だから「あんたはこれね」みたいな感じで、駄菓子をボリボリと食べていた。当時の俺は（羊羹じゃなくて、その駄菓子をくれよ！）と、そいつがうらやましくてしょうがなかったけど、いま振り返ると、あいつはあいつで幸せだったのかなぁと考えてしまう。おそらく、楽しくもおいしくもなんともなかったのではないか。あの駄菓子の立ち食いが至福の時だったのは、少ない小遣いでやりくりして、しかも時には当たりが出てもうひとつもらえたりして、なにより、友達とどうでもいいことをしゃべりながら笑っていられたから味わえたもの。

だとするなら、いくらでも食べられる駄菓子屋の子に生まれても、大人買いというやつで金にモノを言わせて駄菓子を買い漁っても、あの時に食べたおいしさは二度と味わうことができない、唯一無二の価値があったということなのだと思う。

第二章　いつも、自分に問い続けている

■テレビ

なんで俺は、テレビの仕事にこだわるのか

倉本聰脚本のドラマに『やすらぎの郷』という作品がある。

2017年にDVD化もされたんだけど、俺は、昼ドラで放送されていた頃にリアルタイムで見ていた。

このドラマの設定が独特で、倉本さんが考える「テレビがよかった時代」の人だけが入ることを許される老人ホームが舞台なのね。その影響で俺は、テレビを見ていても「この人は入れるかな？　この人は無理だろうな」なんてことを自然と考えちゃう

ようになったんだけど、まぁ、俺自身にはその老人ホームからの招待状は、たぶん届かないだろうなっていうね（笑）。だって、いまのテレビでレギュラーを持っているような俺は、倉本さんの価値観で言えば、テレビをダメにした張本人のひとりだから。

ただね、ひとつだけ違和感があるのは『やすらぎの郷』には、バラエティ班が入っていないということ。浅丘ルリ子さんだとかの女優や、倉本さん自身を投影しているであろうドラマの脚本家はいるんだけど、バラエティ出身者がいない。そんなことを考えていた時期に、高田文夫さんが本を出して、その著書のなかにも、同じような指摘があった。

そのことを田中と自分たちのラジオでしゃべったんだけど、「もしかしたら、高田さんにさえ招待状は届かないかもしれない。バラエティだから」「こりゃ、バラエティ班は別の郷を作ったほうがいいかもな。『地獄の郷』とかね」なんて好き勝手にしゃべってたわけ。

そしたら高田さんが、その時のオンエアを聴いていてくれたみたいで、今度は高田さんの自分のラジオで、俺たちの会話を引き合いに出してくれつつ「でも、そんなことしたら最悪の老人ホームができるぞ」つって（笑）。「みんなが好き勝手ぺちゃくちゃしゃべるだろうから、全然くつろげない」なんていうね。

ところが、それからしばらくしたら、バラエティ番組でも活躍している毒蝮三太夫さんがやすらぎの郷に入所できたから「あ、まむしさん、入れてもらえたんだ！」とすごく驚いちゃって、「いいなぁ」と真剣にうらやましかった。まぁ、そんな驚きやうらやましさは、もはや現実とドラマの区別がつかなくなっているってことなんだけど（笑）。

現実社会では、テレビを「オワコン」（終わったコンテンツ）と呼ぶ人もいる。そんなことを言われたら、さっき口にしたような自覚があるとはいえ、まぁ、ムッとはするじゃない？　それはどんなジャンルの人だってそうで、テレビでオワコンだと言ったひとりの茂木健一郎さんだって「脳科学業界はオワコンだ」って言われたら怒るはずでしょ？　ただ、オワコンではなく「全盛期」という言葉を選ぶのなら、倉本さんが『やすらぎの郷』で描いているようなことは、たしかにあるのだろうなぁとは思う。

いつの頃からか、テレビがつまらなくなったと言われている。

俺の感覚としては、自分がテレビに出るようになった30年前ぐらいからその言葉を耳にするようになった気がしていて、なんだか自分に対して言われているようで、「あーあ。なんだかなぁ」とひとりごちてしまう。

自分自身がテレビを夢中になって見ていた頃を振り返れば、『8時だヨ！全員集合』や視聴率100％男・欽ちゃん（萩本欽一）の番組があった。バラエティ以外でも、それこそ倉本さんや向田（邦子）さんのドラマも毎週楽しみだった。

そのあとの漫才ブームの熱気もすごかったし、「テレビってなんかすげぇな」というあの熱をテレビに出る立場になってから自分がやれているかって言われたら、全然やれていない実感がある。そういうことを感じる度に落ち込むんだけど、いまの俺にはふたつの思いがあったりする。

ひとつは、昔と違ってこれだけいろいろな娯楽がある時代なんだから、テレビの在り方だって違ってきてもしょうがなくない？　という開き直りだ。

テレビの熱気を作ってきたうちのひとりである久米宏さんとも、この話をしたことがあるんだけど、「それじゃあつまんないだろう?」と久米さんは言った。

久米さんの言いたいことはすごくわかるんだけど、この10年ぐらいのバラエティ番組は、VTRがあって、スタジオに戻って俺らがああだこうだ言ってまたVTRを挟んでっていうのがふつうだ。ネットの人たちからは、「太田、自分の番組なのに出番少ねぇし」みたいな意見があったりするみたいだけど、実際の収録現場は放送時間の2倍から3倍ぐらいまわしていたりする。放送で使われるのがひとことふたことであろうと、収録現場の俺はとにかくボケまくっているから、自然と収録時間が延びてしまう。

なぜ、そんな効率の悪いことをするのか? それは、いまのテレビの見られ方のひとつとして、こんなイメージが俺にあるからだ。

仕事から帰ってきた人が、疲れたなぁ、テレビでもつけとくかとスイッチを入れる。つけとくかぐらいのテンションだから、真剣になんて見やしない。

たまたま画面に視線が移った時に俺がぎゃーぎゃーとくだらないことを言っている。その人は、「こいつ、あいかわらずつまんねぇな」と思う。人によっては笑ってくれるかもしれないし、いわゆる苦笑の類で「でもまぁ、こいつよりましか」とちょっとだけ仕事の嫌なことが忘れてもらえるかもしれない。

もうね、そんな感じのリアクションがもらえるだけでも、いまのテレビの役割のひとつじゃないのかなぁ。もちろん、コンビ名通りの爆笑をしてもらえれば最高だけど、微笑だろうが苦笑だろうが、とにかく見てくれた人が、ふっとひと息ついてくれただけでも意味のあることじゃないかと俺は思っている。

そもそもなぜ、俺はテレビの仕事にこだわりがあるのか？

ひとつには、その影響力の大きさがある。

「テレビはオワコン」だと断ずるネットの人たちがさかんに口にする「ネット上での再生回数100万回」だって、テレビの視聴率にしたらわずか1％なわけで、そんな数字なんてテレビだったら打ち切り候補だ。ネットよりは対価を払ってもらっているからまた別なすごさがあるけど、数字上だけで言うのなら、小説のベストセラー100万部も100万人が見た映画もテレビ視聴率にしたら1％ではある。

そういう意味で、なにかにつけて取り上げられる視聴率は、テレビの難しさと潔さを体現していると思う。

それでまた、昔からずっと言ってるけど視聴率は本当に難しい。誰かが視聴率の取り方を教えてくれるって言うのなら、もうね、ウンコを食べてもいいから（笑）。いっぽうで、数字が悪けりゃ打ち切りになるのは潔いし平等だとも言える。しかも、そんなコンテンツが、スポンサーのお金をもとに作られているから、視聴者にとっては無料というのもいい。コンテンツが多様化するいまの時代でも、そういったテレビのよさはダントツにすぐれていると思う。

それこそテレビが全盛期の頃、向田邦子さんという天才がいた。

俺が彼女を尊敬するのは、その文才はもちろんだけど、「私はテレビ屋である」というスタンスを最後まで貫いたところにもある。

向田さんは「花の名前」「かわうそ」「犬小屋」という短編小説の連作で直木賞を受賞するんだけど、小説って、たったひとりで書くから孤独な作業なわけでしょ？　だからなのか、向田さんは「テレビの現場に来るとほっとする」とエッセイで綴っていたり、「私はテレビ屋である」とした。その感覚が俺にはものすごくわかるんだけど、テレビのいいところは共同作業にあるから。収録現場には、カメラマンがいて音声さんがいて照明さんがいて、プロデューサーがいてディレクターがいて、MCもいればほかの出演者もいて、そんな演者を支えるスタイリストがいてメイクさんがいる。VTRを作るまでには、その演者やスタッフがいて、間に流されるクライアントのCMにも多くのクリエイターや演者や裏方さんがかかわっている。

予算のかかっているゴールデンの番組ならば、それに見合った視聴率を求めてみんなが必死になるし、お金のない番組だったらみんなで知恵を出しておもしろくしようとする。さまざまな立場のいろんな人が共同作業しているというのは、本当にすごいことだと思うし、MCという立場が多い爆笑問題の考えるほう担当としては、毎日毎日30年以上、テレビのことを考えなかった日なんて1日もない。田中はああいう男なので、毎日毎日30年以上、テレビについて考えたことが1日もないんだろうけどね（笑）。

で、話はもうひとつのトピックスに戻る。

いまの時代のテレビの有り様でふたつ思うことがあるって言っていた、もうひとつのほうの話だ。それは、俺がかつて視聴者であった頃にわくわくしていた、歌ありコントありのバラエティ番組をやりたいという夢をあきらめちゃいないということ。

うちの事務所にはバラエティ番組の作家も所属しているから、一緒に企画書を作って関係者に提案したりもしているんだけど、現実はなかなか厳しくて実現はしない。

そんな感じなのに、まったくもってあきらめないことが、自分でもちょっと驚きなんだけど、「見るな！」と言われても夢見てしまう性格って、50歳過ぎても変わらないんだなぁっていうね（笑）。

そんな俺でも、自分と同じ年のある人の行動には、かなり勇気づけられたりもした。

その人の名は、キョンキョン。

言わずと知れた、なんてたってアイドルな小泉今日子だ。

我々の世代にとってのキョンキョンは、超のつくアイドルだったんだけど、そんな彼女が2017年に『オールナイトニッポン』のパーソナリティを担当する。80年代にレギュラーパーソナリティとして活躍してた流れもあってのスペシャル番組だったんだけど、彼女の言動のあちこちが素晴らしかった。

まず、『名人長二』という落語を元ネタとする芝居をやると。その舞台の主演であり、企画、脚本、演出も担当している豊原（功補《こうすけ》）さんがキョンキョンの『オールナイトニッポン』のラジオにも出て言うには、古今亭志ん生の『名人長二』が好きでカセットテープでよく聴いてた噺だと。その噺の原型を作ったのが、明治の天才落語家・三遊亭圓朝だったと語る。

もうね、そこからして落語好きからするとひっかかるわけ。まず、『名人長二』という噺が一切思い出せなかった。「あれ？ 志ん生のネタなら俺も聴いたことあるはずだぞ?!」って倉庫をひっくり返して探したら、『名人長二』が収められたテープが見つかったんだけど、再生するデッキがうちにはなかったっていうね（笑）。

さてどうしようかなぁと思ったら、便利だね、YouTube って（笑）。

志ん生やらほかの落語家やらの『名人長二』がかなりの数、アップされてたわけ。で、聴いたらこれがまたいい噺で、芸人でさえも忘れてしまっていた、言ってみりゃあ埋もれていた噺を現代に蘇らせるなんて豊原さんという役者もすげぇなと。しかも、そんな豊原さんも同じ年だったから余計に共感した。

そして、もちろん我らがキョンキョンのプロデュース能力のすごさ。

その舞台のプロデュースを彼女がしたんだけど、『オールナイトニッポン』のなかで、若手の役者の話になったのね。すると彼女は、「世の中では、ゆとりだなんだって言われているけど俳優の世界にはまったくない」と。「むしろ、いまの若い世代は頼もしい。私たちの世代のほうが、ぼんやりしていると思う」と言ったわけね。

その言葉のトーンが、お世辞を言っているわけじゃなくてキョンキョンが本当にそう感じていることが伝わるものだったから、俺はものすごく共感できた。芸人の世界もそうで、いまの若手は俺らの頃よりも全然うまいし、それはもう見事だから。

そして、キョンキョンが「ぼんやりしている世代」として自分たちのことを語った言葉もまた、俺をうれしくさせてくれた。

キョンキョンは言う。

「自分たちの世代は新人類とか言われて、大人たちにはダメだダメだと言われてきたけど、でも、そういう世代にしかできなかったこともあったと思う」

その通りですよ、キョン様と（笑）。たしかに、クレイジーキャッツもドリフも漫オブームもひょうきん族も全部が眩しい。憧れは絶対的にある。でも、我々の世代にも自分たちにしかできない笑いがあるんじゃないか？「なんだかなぁ」とひとりごちがちな俺は、キョンキョンの言葉にちょっと救われた。

ただね、そんなキョンキョンは、俺分析によれば、『やすらぎの郷』からの招待状が絶対に届くはずだ。尊敬するし、励まされもしたけど、『やすらぎの郷』に入れるということだけはうらやましすぎるので、キョンキョンの口利きで裏口から入れてもらえないかなぁなどと考えている次第です（笑）。

■ニュースと真実

自分なりの「真実」を探ることが、大切なんじゃないか

——テレビは嘘ばっかりだ。

そんな常套句があるけど、この言葉にはストレートに違和感がある。

たぶん、そう言っている連中はネットが大好きなんだと思うけど、なぜあの人たちはテレビを毛嫌いするんだろう？　そのくせ、テレビの話題ばっかりなのも不思議だ。

おそらくだけど、テレビを毛嫌いするネットの人たちは、ものすごくテレビを見ている。そうじゃないとああいう批判はできないし、であるならば、もはやテレビが大好

『泣く女』1937年制作。
油彩作品（60cm×49cm）
写真提供：共同通信社

きなやつだろっていうね（笑）。

　そもそも、「嘘」と「事実」の境界線というのは微妙だ。

　たとえば、尖閣諸島の問題にしても中国と日本の言い分は違うわけで、客観的に考えればどちらかが嘘をついていることになる。さらに、もう少し語感というものにこだわると、「事実」と「真実」とでは、その意味合いが微妙に異なっていく。

　たとえばピカソの『泣く女』という絵画。この作品は『ゲルニカ』というスペイン内戦を描いたものから4ヶ月後に描かれたんだけど、写実的ではなくキュビズムの技法で描かれている。言ってみれば、ぐちゃぐちゃな絵だ。でも、写実的な絵が「事実」に近いとすると、『泣く女』はぐちゃぐちゃに描かれているからこそ、戦争への不安から泣いている女の心情が痛いほど伝わってくる。これが俺の思う「真実」なんだけど、もちろん、絵なんてものはその人なりの「真実」が幾通りもあっていいわけで、単純に「この女性はなんて悲しそうに泣くんだろう」と感じる人もいるだろう。

たとえば、トルーマン・カポーティの『冷血』という小説。

カポーティは、実際に起きたカンザス州一家惨殺事件を追う。でも、録音やメモの類を持たず、加害者や関係者へインタビューを重ねてこの事件に向き合っていく。そして、ノンフィクションノベルという言葉を創作し、事実を追求したドキュメントではないとしたうえで『冷血』を発表する。ということは、作者による創作も入っているはずなんだけど、だからこそ読者は、殺人者の心の闇を覗き込んだようで、その「真実」に心が動く。

「事実」から遠ざかったとしても「真実」には近づける場合があるということ。

俺の場合は、「事実」よりも「真実」のほうが大切で、大好きな坂本龍馬が「実は幕末にそこまでの活躍はしていなかった」とする「事実」らしき説もあるじゃない？歴史上の偉人には、その手の「新事実」がよく発見されるけど、俺はあまり興味がない。その理由は、実際の坂本龍馬というよりも、司馬遼太郎という作家が『竜馬がゆく』で描いた龍馬像が大好きで、それこそが俺にとっての「真実」だからだ。

それはニュースの場合も同様で、取材者個人やメディアとしての性格みたいなものが反映される以上、100％濃縮還元された「事実」なんて届けようがない。

だから俺は、数多くのニュースを見聞きする。

テレビでは『NEWS23』と『報道特集』。経済関係はテレ東の『Newsモーニングサテライト』。ラジオでは『ラジオNIKKEI』のなかのいくつかの番組をよく聴いているし、ネットニュースなら読売、朝日、毎日、産経の社説は必ずチェックするし、ライブドアニュースもこまめに読んでいる。社説がとくに顕著なんだけど、朝日と産経では同じ事実を基にするであろう記事で言ってることがまるっきり逆だったりもするのがおもしろい。俺の場合は、自分なりの「真実」が一番興味深いから、まずは「事実」のヒントとなるニュースをなるべく多くのソースから得るようにしている。

　ということは、俺にとっての「真実」がみんなにとっての「真実」ではないことだってありうるだろう。

　だからこそ、みんなが自分なりの「真実」を探ろうとすることが大切だと思うんだけど、これがまぁ、なかなか大変だ。日本の戦後史なんてとくに、あらゆる嘘と本当が交じり合っているから、俺が目指すフラットな立場というのがなかなか通用しない。

　たとえば、慰安婦問題にしても、「プロの人もいたはずでしょ?」などと言えば、そこだけを突っついて「違う!　強制だった!」となる。でも、俺が慰安婦のことで言いたいのは、事実確認なんかじゃなくて、そもそもがものすごく難しい問題だということ。

　強制か否かの真実は、その人が「強制だった」と感じるのならそれはその人の真実だし、そもそもここまで時間が経つ前に解決しておくべきだったと思う半面、傷がかさぶたになる前のそこをほじくることはあまりにも残酷だったろうなぁとも思う。だから難しいんだけど、どちらかサイドが強引に「真実はこうだった!」と決めつけることが一番危険なことだと思う。

いっぽうで、俺の場合は自分の発言や行動が「事実」としてYahoo!ニュースやなんかに載っちゃう場合もあるわけじゃない？

いまでは削除されていると思うけど、ウィキペディアかなにかに俺が鉄道マニアだって書かれていたことがあって、あれにはびっくりした。俺なんて、まったくもってマニアじゃないからね（笑）。でもそれを読んだ人は「なぜ太田は、タモリと鉄道の話しをしない？」などとネット上で盛り上がっていて、「なにこれ？」とちょっと笑ってしまった。だからまぁ、テレビや活字やネットというメディアに関係なく、嘘もあれば本当もあるということなんだけど、笑って済ませられないこともある。

たとえば、森友学園報道が盛り上がっていた最初の頃のこと。

菅野完《すがのたもつ》というジャーナリストがクローズアップされていた。

その人は、籠池（泰典）前理事長の代弁者なんていう報道もあったけど、『サンジャポ』での俺は「籠池を踏み台にして、日本会議をもっと掘り下げたいだけなんじゃないの？」みたいなことを言ったわけ。菅野完というジャーナリストを俺なりに調べていてアンチ日本会議の立場の人だなぁと感じたからそう言っただけなんだけど、一部の人からは「よくぞ言った！」みたいな言葉が飛び交ってしまう。なぜその人たちが「よくぞ言った！」と支持するかといえば、その人たちのなかでは日本会議という名称がテレビではタブーとされているからだった。

でもね、日本会議という名称なんて、タブーでもなんでもないから。ネットでちょっと調べればわかるけど、「誇りある国づくりへ」などを掲げる、いわゆる保守系の団体っていうだけで、テレビでその名称を口にすることなんて、なんでもないことなわけ。でも、そのことを知らない人たちが、ネットで「太田、よくぞ言った！」なんて書き込むと、今度はそれを読んだ人が「あぁ、太田はタブーに斬り込んだんだ」なんて思っちゃうわけじゃない？　一切斬り込んでないから、俺は（笑）。そういうのは、ひとことで言うとめんどくさい。

この際だからはっきり言っておくと、テレビでの最大のタブー、それはスポンサー批判だから。「テレビ」のトピックスでも言ったように、あのメディアの魅力は団体戦であり、その制作費を出してくれているのはスポンサーで、そこに対してひどいことを言ったらそりゃあクレームもくるし、最悪の場合は番組が打ち切りになることもある。それは立場を置き換えれば当たり前の話で、もし自分がスポンサーであったとしたら、出演者に文句を言われた日には「なんだあいつは！」ってなるはずでしょ？

もちろん、テレビの世界には、たとえば放送コードに代表されるように最低限のルールもある。でもね、みんなが思っているようなタブーは、実はたいしたことがないことも多くて、テレビに出る立場としてギャップを感じてしまう。

一時期、安倍政権がテレビに圧力をかけているみたいな世間のムードがあった。あの頃、爆笑問題は正月の恒例だったＮＨＫの『初笑い東西寄席』（現在は、『新春生放送！東西笑いの殿堂』）という番組に出演する。

これがまたいろいろとタイミングが悪かったんだけど、まず、担当ディレクターが俺たちと仕事をするのがはじめての人だった。いままでの演芸班のディレクターとだったら、事前打ち合わせはあるものの、ほとんどスルーでやりたい漫才ができてたんだけど、その人は演芸班以外から異動したばかりだったのかなぁ。爆笑問題の政治を茶化すトピックスに対して「これとこれはやめてください」と言ってきたわけ。

それで、ネタを差し替えてやったんだけど、そりゃあ俺たちとしては、愚痴りたくもなるじゃない（笑）。だから、正月明けのラジオでしゃべったら、これまた間が悪いことにサザンの桑田さんが勲章に関することで一部から叩かれていた時期だったのね。で、俺たちの愚痴も「言論弾圧だ！」つって、スポーツ新聞やネットで取り上げられたわけ。その手のメディアだけならよかったんだけど、なにを考えたのか毎日新聞が社説で、ＮＨＫの当時の会長だった籾井さんの名前をあげて批判し始める始末。

勘弁してくれよと。ちょっと考えてみましょうよと。

ＮＨＫの会長ともあろう人が、俺らごときの漫才に対して直接ダメ出しするわけないじゃんと。で、そういうことを次のラジオでしゃべったら、今度は「太田が火消しに走った」なんてネットに書かれちゃうわけ。めんどくせえな、こいつらと。そもそも、籾井さんのことなんてサンジャポでも「おっぱいモミイモミイ」なんて散々茶化してたし、直接本人に会った時も「お互い失言に気をつけましょうね」と傷を舐めあった仲だから。そんな人が言論弾圧なんてしてくるわけがないし、俺も火消しに走るはずがない。

安倍さんのこともそう。

あの人とあの政権がやっていることは恐怖政治でもなんでもない。だからといって、安倍さんの政治理念や実際にやっていることにはまったく共感しないから、違うだろと思った時はそう発言すると、いわゆる炎上って状態になってしまう。

普天間基地の問題で、沖縄の県知事が東京に来た時があった。

その際に自民党も安倍総理も会おうとすらしなかった。それに対して俺が「バカじゃねーの！」と言ったら、左寄りの人たちは「よくぞ言った！」となり、右寄りの人たちからは「けしからん！」となっちゃったわけね。それだけならいいんだけど、この時もタイミングが悪くて、『桜を見る会』に爆笑問題が呼ばれていたわけ。俺は、安倍さんに自分たちの番組に出てもらって憲法九条のことなどを徹底的に話し合うのがやりたいことのひとつだったから、喜んで行かせていただくつもりだった。

その時は自民党の人も気を使ってくれて「やめときます？」なんて言ってきてくれたけど「いや、行く行く」とふつうに行って、実際に番組出演も直接頼めたわけ。まぁ、実際に共演できるかはわかんないけど、俺としては直接言えたっていうのが大きかった。

でも、安倍さんと一緒に写った写真で俺が満面の笑みだったのが気に入らないのか「太田め、ひよったな！」と一度は持ち上げた左寄りの人たちから散々叩かれてしまう。ことはそんなに単純じゃなくて、安倍さんが俺の考えと違うことをしたら「バカ！」つって、でも拒絶するだけじゃなくて番組で直接話せるのが意義があるだろというのが俺なりの「真実」なんだけど、もうね、その手の炎上は心底めんどくさいです（笑）。

結局、ニュースと真実の間で大切なのは、受け手側の読解力だと思う。

一部で指摘されているように、テレビには編集がある。恣意的な番組作りも可能ではある。それはラジオだってそうだし、新聞報道にも紙面上の〝性格〟がある。でも、「なんだかこの報道の仕方はうさんくさいぞ？」と違和感を感じられるだけでも、見逃せない嘘には気づけるのではないか。そりゃあ北朝鮮で育った人は、そこまでの読解力を養うのは難しいと思うけど、日本に住んでいる我々にはそのチャンスはいくらでもある。

政府や安倍総理から直接的なクレームなんてこない。少なくとも俺たちには言論弾圧なんてない。でも、視聴者からは「けしからん！」の声が届く。

スポンサーからも直接的なクレームはない。でも、視聴者からの声は、スポンサーの耳には入る。それがたとえ偏った一部の組織票的意見であったとしても、場合によっては番組作りに影響を与える。

つまり、俺たちの言論の自由を奪うものがあるとするのなら、それは世間だ。

■毒舌

結局、毒舌は誰がそれを言うかということ

編集者が探してきたネットの記事によれば、俺が毒舌タレントアンケートの上位に入っているらしい。そこに書かれていたコメントには「なにも考えずに口に出してるだけに見えるけど、切り口が斬新でセンスがある。だから嫌味にならない」などとの寸評があるんだって。毒舌うんぬん以前にまず感じたことは、その寸評を書いてるやつは褒めてるつもりだろうけど、全然うれしくないからなっていうね（笑）。むしろ、ネットの書き手というのはどこまで上から目線なんだよって本当に思う。

上から目線と言えばダメな評論家がその代表格だと思うんだけど、ネットで簡単に思っていることを書けてしまういまの時代は、みんながプチ評論家になっている。別に評論自体はしたけりゃすればいいんだけど、俺が気持ち悪いなぁと思うのは、彼らには悪意の自覚がないということ。たとえば、俺が村上春樹や宮崎駿の悪口を言う時には、「茶化してやろう」という悪意を自覚している。でも、ネットの人々は自分の悪意を自覚しておらず、むしろ正しいとさえ思っていると感じてしまう。

しかもそれが生活の一部のようになっている人だと、なにかしらの炎上ネタがあると嬉々として参加し、さらに炎上させて喜んでいる。その背景には、ネットに関してよく言われている「名無し」性が、なにを言っても許されるかのような風潮をうんでいるのだと思うけど、バカッターみたいなやつらは、なにかを表現するということは一方通行なんかじゃないことに気づかない。「お前も見られているんだよ」という簡単な事実も自覚していないから、逮捕されてはじめて事の重大さを思い知らされるのだろう。

じゃあ、そういう人間が昔はいなかったかといえばそんなことはないと思う。

たとえば、いまから40年以上も前の１９７５年。プロ野球の長嶋さんがジャイアンツの監督をやって、球団創設以来はじめての最下位になっちゃったことがあるんだけど、その時に球場を訪れていたファンだって、「バカ野郎！　やめちまえ！」なんて強烈な野次を浴びせていたはずでね。でも、そうやって野次っていたやつの前に長嶋監督本人を連れていって、さっき言ったことを本人にも言ってみろよとなったら「いや、あの、……大ファンです」ってしゅんとするはずだから（笑）。

というわけで、ネットの上から目線の話が長くなっちゃったけど、自分が毒舌と言われればそうなのだろうなぁとは思う。ただ、「毒を出さなきゃ、俺の芸風じゃない」などというこだわりなんて一切なくて、どうやったらウケるかを一番に考えている。そんなの俺に限らず、芸人はみんな一緒だと思う。

そもそも、毒というのは、笑いの基本のひとつだ。相手の揚げ足を取るだとか、物事を斜めに見るだとか、それこそ世間の論調に違和感を抱くだとかね。そういう意味では、芸人には多かれ少なかれ、毒があるんじゃないかなぁ。

毒舌の魅力を教えてくれたのは、なんといっても、たけしさんだ。

ツービートの漫才は、それまで若者が本気で感動していた青春ドラマを「そんなわけねぇだろ！」とツッコんだところが斬新だった。『ツービートのわッ毒ガスだ』という書籍が大ベストセラーになったりもしていた。たけしさんと出会う前の俺は、欽ちゃんが大好きだったんだけど、毒ガスのせいで、欽ちゃんの笑いが偽善的なものではないかと疑いを持つようになる。

ただ、いま思えばだけど、欽ちゃんの笑いにも毒は隠されていた。

たとえば、素人参加番組での笑い。世間一般の人からするとヒューマニズムというか、あたたかい笑いに感じるかもしれないけど、緊張している素人をテレビに映し出して、全部ツッコんで笑いにするって、ある意味では残酷でもある。誰にでもできることじゃなくて欽ちゃんならではのすごい芸だけど、ふつうの一般人をさらし者にしているとも言えるわけでね。

では、欧米の毒舌はどうか？　アメリカの人種ネタをブラックジョークなどとくくることがあるけど、これはお国柄の違いはあまり関係がないと思う。人種の多様さなどアメリカ固有の背景はあるにせよ、人種ネタの根本にあるのは「人との違いを笑う」

という、笑いの基本のひとつだから。

そんなアメリカの笑いで言うと、俺が一番好きなのが、映画監督のウディ・アレンだ。映画監督になる前は、放送作家やコメディアンだった人なんだけど、俺が好きなのは、毒舌の系譜にも連なる「皮肉」が魅力的なところ。シニカルと言ってもいい。いわゆるハリウッド的なものをバカにしていて、セレブの描き方もコテンパンで小気味いい。

ウディ・アレンは、自分の映画に俳優としても出演することが多いんだけど、金髪をはべらす俺様的なプロデューサーを皮肉たっぷりに登場させておいて、地道にコツコツと哲学かなにかのドキュメンタリーを撮っていた監督を自分で演じたりする。で、その地味監督が、俺様的プロデューサーと仕事をしなきゃいけなくなってしまうトホホな状況を笑いにするっていうね。コメディだけじゃなくて、シリアスな映画も撮っているけど、それでもどこかに必ず毒やシニカルなユーモアが、隠し味みたいにまぶされているところがおもしろい。

コメディという意味では、『ウディ・アレンの誰でも知りたがっているくせにちょっと聞きにくいSEXのすべてについて教えましょう』が最高におもしろい。7本の短編からなるオムニバス映画なんだけど、「ミクロの精子圏」なんて、コントの古典のひとつだと思う。

　簡単に言っちゃうと、デート中の男の頭のなかを描いた作品なんだけど、脳から末端にさまざまな指令がとぶわけ。そこは頭脳室と呼ばれているんだけど、コンピュータ的なさまざまな機械のある白っぽい部屋で、いかにも知的な連中が的確に指示を送る。どうやらデートしている男は、ひとつ前のデートではセックスまでいけていないらしくて「二度続けて失敗は士気にかかわる！」なんて各部署を鼓舞していく。

　で、「勃起室」というストレートな部署では、いかにもブルーカラーなやつらが力仕事をしてがんばっている。いっぽうで、ウディ・アレン扮する男は、精子室の所属なんだけど、「外は怖い。出たくない」なんて憂鬱な雰囲気をかもし出しまくってるわけね。切なそうにハーモニカかなんかを吹いちゃったりもして「ピルを飲んでる女もいるし、ゴムにぶつかることもある」なんて同僚に愚痴るんだけど、「愛情か死かと誓っただろ！」と励まされて最後はロケットみたいな機体から飛び降りるっていう（笑）。ただそれだけのお話なんだけど、最高にくだらなくて、俺は大好きだ。

精子といえば、俺はその手の発言で怒られてばかりいる。

ある日のサンジャポでのこと。田中がイクメンオブザイヤーを受賞したと。でも、子育てでは母親にはやっぱりかなわない。一度でいいから母乳を出したいみたいなことを田中が言ったと。で、よせばいいのに俺が、「お前だって、ちんちんの先からなら白いのが出るじゃん」みたいなことを言っちゃったわけ。ちなみに、サンジャポは生放送ね（笑）。

それで次の週のスタッフとの打ち合わせで、「すみません。太田さん、日曜の朝の番組なんで、ちんちんとかそういうのだけは勘弁してもらえませんか」と怒られちゃったっていう（笑）。我ながら、お前は何年テレビの仕事をやっているんだよと。デビューの頃からその手の発言では失敗ばっかりしているのに、どんだけ学習できないんだ俺はって。でも、毎回反省するんだけどあんまり進歩がない。

毒舌による舌禍事件は、数限りなくあるけど、自分が撒いた種とはいえ、へこまされることもしょっちゅうある。

たとえば、たけしさんのオールナイトニッポン代打事件。

爆笑問題がデビューして2年目ぐらいだったと思うんだけど、たけしさんが番組を休むっていうんで俺らが代打で呼ばれてね。大好きな番組だからと張り切って「たけしは死にました」と冒頭からボケまくったつもりだったんだけど、リスナーの反応たるや、それはもう散々だった。こっちとしては、それこそ毒舌じゃないけど、たけしイズムを引き継いでやったつもりなのに、自分の同志のはずのたけしファンから「てめぇ殺してやる！」みたいな脅迫状がガンガンに届いちゃったりした。その時は、寂しいし、傷つくし、自分が一番好きなラジオ番組を自分がダメにしちゃったのかなぁって、やっぱりへこんだ。

そんなたけしさんと『おはよう、たけしですみません。』というテレビ番組で共演できたのは楽しかった。なんといってもすごかったのは、たけしさんが休んじゃったこと。それが番組の一番の話題になるなんてずるいなぁと思ったし、たけしさんはやっぱり、世間から許された存在だと思う。もし俺が番組を休んだら一発で干されるから。

たけしさんが許されてるなぁと感じたことで考えたのは、結局、毒舌うんぬんよりも、誰がそれを言うかということ。毒舌タレントのアンケートなどで上位に名前を連ねているマツコ（デラックス）にしても坂上（忍）くんにしても、彼らの人となりが愛されているから、世間から笑ってもらえたり、許されているのだから。

じゃあ俺はどうなのか？　そりゃあ、デビューした頃よりも許されてるっぽいことも増えた気がするけど、人となりが愛されているだなんてまったく感じられない。愛されたいし、許されたい。少なくともMCをつとめるレギュラー番組の打ち合わせで怒られないぐらいにはなりたいなぁと切に願う今日この頃です（笑）。

■未来予想図

ＡＩに対抗できるのは、人間は負けて悔しがれることだと思う

ＡＩが人間の仕事を奪うと言われているけど、それってどうなんだろうね？「10年後になくなる仕事リスト」みたいなものに不安感を募らせる世間のムードに、俺はちょっぴり違和感がある。

爆笑問題で日本の文化とか技術を紹介する番組をやってたんだけど、そのなかでも最新のＡＩを導入した工場では、なくなった仕事もあるけど、新たにうまれた職種があった。これは欧米にはない、日本ならではの特徴だと思うんだけど、オートメーショ

ン化された先の「確認」は人間がしていたから。その例だけじゃなく、ドラマ『下町ロケット』のようにNASAに提供するような最先端の部品を、弱小どころか超弱小工場の日本の職人が手がけてもいる。

もっと身近な例もある。俺は競馬場に行くといつも思うんだけど、オッズ表ってあるじゃない？　あれって、いまでこそコンピュータを使って瞬時に弾きだされるけど、昔はどうやって計算してたんだろうと想像するわけ。じゃあ、コンピュータの導入によって、競馬の仕事にかかわる人が劇的に減ったかというと、そうでもないはずだから。

仕事がなくなるか否かというテーマとは別の視点から考えてみると、たとえばレンタルビデオ店の接客が人ではなく専用機となりオートメーション化されていることに対して「やっぱりぬくもりのある対人の接客がいい」と感じる人がいるかもしれない。

でも、テクノロジーの進歩のおかげで、LINEなどのSNSで他人とつながってぬくもりを感じられている人も増えているはず。つまり、AIの功罪といっても、さまざまな側面があるわけで、一方的に「AIで仕事がなくなる」「AIはぬくもりがない」という論調って、どうなんだろうなぁと思ってしまう。

そもそも俺は、科学の進歩や最新テクノロジーに対してネガティブな印象を持つことがほとんどない。2ちゃんねるの登場の時だけは、「子供にこんないじめの場所が存在していいのか？」と思ったけど、物心ついた頃から2ちゃんねるがある前提で生活している子供たちは、たとえば「死ね」という言葉の重みも俺たちの時代と違って軽いのではないか。だったら大丈夫なのかなとも近頃では思っている。

ＡＩの進歩で驚いたのは、最近知った医学の現場のニュースだった。

優秀な医者でも判別不可能だった癌の種類を、そのＡＩはわずか数秒で弾きだしていた。理論上は世界中の臨床データを蓄積できるＡＩだからこそなせる「仕事」で、結果的に非常に珍しい類《たぐい》の癌だったそうで、それじゃあ、どんなに優秀な医師でも発見できる確率は低い。ほかにも、介護用のスーツのようなものを着るだけで、寝たきりの病人を楽々と抱え上げられる技術も開発されていた。癌が早期発見される可能性が高まったり、介護にかかわる人たちが楽になるかもしれない科学の進歩は、単純にすごいなぁと俺は思う。

じゃあ、表現の世界はどうか？

ある実験では、本当はＡＩが書いた小説なのに、グループＡには「ＡＩが書いた小説です」と知らせて、グループＢには「作家が書いた小説です」と告げて読んでもらったそうだ。もちろん、書かれた小説は同じ内容でね。結果はどうだったか。グループＡの人たちは「やっぱりなにかが物足りない。もっとぬくもりがほしい」と言い、グループＢの人たちは「素晴らしい！」と褒めちぎったという。結局、そういうことなんだと思う。つまり、そこまでのレベルにまで、すでにＡＩは到達しているということ。

その理屈で言えば、漫才のネタもＡＩは書ける可能性が高い。ただ、それを演じる漫才ロボットのようなものが登場するには、もう少し時間がかかると思う。演じる側の「間」であったり、表情の妙ひとつで漫才のウケは確実に変わるものだから、それを実現できるのは、もう少し先の未来の話になるだろう。

俺にとって一番興味深いのは、テクノロジーの進歩の裏側に潜む人間の感情や行動だ。つまり、科学やテクノロジーという「側《がわ》」よりも、それを受け取る人間のほうに興味がある。

漫才ロボットではないけど、初音ミクの登場とその人気は象徴的だった。

理屈としてはどう考えたってＣＧなのに、見る側の人間が勝手に擬人化してカバーしてしまう。言ってみりゃあ、人間はコンピュータグラフィックスにさえ恋ができるわけで、生身のアイドルと初音ミクとの間に横たわる生き物か否かという境界線を取っぱらって埋めてしまう力が人間にはあるということ。

初音ミクとの疑似恋愛は、コンピュータと人間の「友愛」みたいなものだけれど、「ＡＩに人間が支配されるのではないか？」というテーマは、『マトリックス』や『ブレードランナー』や『ターミネーター』などの映画はもちろん、小説や漫画といったさまざまなジャンルで繰り返し描かれてきた。

例にあげた3作よりももっと古い作品だと、１９５０年に刊行された小説の『わたしはロボット』が有名だ。作者のアイザック・アシモフが「ロボット三原則」というものを盛り込んでいて、「人間に危害を加えてはいけない」「命令に従わなければいけない」「それらに反しない限りロボットは自己を守らなければいけない」とした。この三原則が、その後のＳＦ作品に大きな影響を及ぼしているんだけど、最近のＡＩをめぐる論争にも通底する概念だと思う。

さて、日本。この国には星新一（一五四頁※参照）という天才がいた。

当時の純文学者が「ＳＦ？　なにそれ？」と歯牙にもかけなかった時代に、これまた天才漫画家である手塚治虫とともに、日本のＳＦを文学にまでひきあげた人物。星新一は、ＳＦもまた文学であることを証明し、文学界の歴史を変えたひとりだ。

俺は星新一をめぐるこんなエピソードが好きだ。

まだ売れていない時代の星さんがある時に、『三田文学』の小説家と雑談していた。その時の星さんの興味は、ネパールかどこかのインフラが揃っていないところに国境なき医師団のような人々が行って病気を治したことだった。ところが、その善意によって人口爆発が起きてしまって、それが次の問題になっていると。俺はそのテーマって充分に小説になりうると思うんだけど、『三田文学』のバカな小説家たちは「君、そんなもんが文学になるかよ」と一笑に付したんだって。星新一さんは、絶望的な気分になったらしいんだけど、好きだの嫌いだの恋だのだけが小説だと思っていた連中には、科学的なことが文学たりうる先見性はなかったのだろう。

星さんの小説のなかに『おーいでてこーい』という掌編がある。

そもそも、星さんの作品はほとんどが掌編なんだけど（笑）、ある空き地に穴があって「おーいでてこーい」と叫んでもなんの反響もない。よくわからない穴なんだけど、そこに向かってぽいっとなにかを投げるとそのまま吸い込まれてしまって戻ってこない。犯罪者たちは証拠物件を穴に投げ込んだりする。もちろん、吸い込まれたまま戻ってこない。これは便利だと、多くの人がゴミや、それこそ産業廃棄物の類までをその穴に捨てていくようになる。よかったよかった、これは魔法の穴だと人々が思っていると、少し先の未来に、どかどかと穴に捨てたはずのゴミが空から落ちてくるというストーリー。これって、現代にも通用する普遍性が描かれていると思うし、その点こそが、星新一「文学」の素晴らしいところだ。

テクノロジーも時代も、「側」は変わるということ。

ならば、素晴らしき表現とは、変わっていくこと自体がすごいのではなく、変わっていないことを描くということ。

産業革命の前後でも「側」は変わったし、21世紀のＡＩの進化でも変わるだろう。タクシードライバーという職種はなくなってオートメーション化された車そのものが人々を移動させてくれるのかもしれないし、漫才ロボットコンビも登場するのかもしれない。

それでも、人間の根幹部分は変わらないはずだ。

どういうことに悲しみを感じるのか？

なにに感動して、どんな時に笑うのか？

むしろ、そういう部分を描いているからこそ、星さんをがっかりさせたバカ小説家もどきではない本物の作家がかつて書いた作品は時代を超えていま読んでも感動するし、人間そのものだってそう。もしも、坂本龍馬が現代に生を受けていたとしても、常に未来を夢見て、自由な発想でなにものにも囚われない我々が好きな龍馬像そのものだったのなら、現代の人も彼の生き様をきっとおもしろがるだろう。

子供の描く「未来予想図」が変わってきているという。

我々が子供の頃は、手塚治虫が描いた『メトロポリス』のように、透明なチューブのなかを車が走っていたり、細長いビル群が立ち並ぶ都会的なものだった。けれど、最近の子供は動物と人間が仲よく暮らしているような自然の絵を描くことが多いのだそうだ。俺が子供の時にはじめて映画館で見たのは『ゴジラ対ヘドラ』で、作中にはゆきすぎた科学への警鐘が鳴らされていたし、ゴジラ自体が核実験の産物なわけでね。それでも、手塚治虫的近未来に俺たちはワクワクしてカッコいいと思ったけれど、最近の子供たちが「自然と共存する人間」をカッコいいと思い描いているとしたら、興味深いし、おもしろい。

はたして、未来のＡＩは、どこまで進歩するのだろう。これは俺の予想でしかないけれど、人間が持つ大切な心の有り様までは再現できないような気がしている。

たとえば、悲しんだり、悔しがったりするということ。

ＡＩ関連のニュースでよく話題になる棋士対コンピュータの対決が象徴的なんだけど、そりゃあ過去の棋譜をビッグデータを駆使してすべて学習させたコンピュータのほうが強いのは当たり前だ。でも、大切なのはそこじゃなくて、人間は負けた時に悔しがれるということ。直近の対決でも任を負った棋士は「敗《ま》けてしまった。将棋界を背負ってきたのに」と自責の念にかられたはず。そして彼は、その敗北を次なる戦いに生かすはずだ。まさに人間らしい感情の揺れとそのあとに連なる行動力。時に、人間のそういう感情の揺れが愚かな行動を引き起こしてしまうことがあるにせよ、俺は「ちゃんと悲しめる」ことこそが、人間の素晴らしさだと思う。

じゃあ、ＡＩやコンピュータにその手の感情の揺れが必要かどうかといえば、怪しいものでね。たとえば、いまではほとんどオートマチック化している旅客機の操縦に感情の揺れなんてものをプログラミングしたら、危なっかしいったらありゃしないわけでしょ？

直感か、論理か。

これは、感情の揺れのひとつの発展系の話だと思うんだけど、アインシュタインの相対性理論もニュートンの万有引力の法則も、まず先にあったのは「直感」だったという説がある。稀代の天才ふたりは、自分が直感した法則を、言わば後付けで検証していった。

つまり、直感のあとに論理があるわけで、逆はありえないという説。ということは、コンピュータがいかに論理（データと言ってもいい）を積み上げても、人間のようには直感（ひらめきとも言える）を持つことはないような気がする。もちろん、ロボットを人間に近づけるという研究も盛んではあるから、感情やひらめきに似た構造の仕組みをプログラミングすることは可能になるかもしれないけど、じゃあそれが人間の持つ力とまったく同じ輝きを放つかと言えば、俺には疑問だ。

まぁだから、あんまりＡＩにビビらなくてもいいんじゃないの？　ということ(笑)。

ちなみに、爆笑問題の未来予想図を想像してみると、もっと楽に漫才ができていたらいいなぁと思う。若い頃は、きっちりと練習して、絶対にこの間とこのフレーズでなきゃダメだと自分たちを追い込んでいた。そうでなきゃ、怖くて客前になんか立てなかった。キャリアを重ねて少しはマシになったとはいえ、その感覚はいまでもどこかに残っているから、10年後なのか、20年後なのか、お互いがじいさんになる頃には、もっと楽に漫才ができていたらなぁと期待してしまう。

爆笑問題の近未来――。

テレビなのか寄席などの舞台なのか。ふたりでよぼよぼとセンターマイクまで歩いて行って、その場で思いついたことをしゃべって、それが漫才になっていたのなら。

それこそロボット漫才では再現できないであろう人間味のある漫才がやれていたらと想像すると、俺の口元はちょっとゆるんだりする。

第三章

「笑い」は、人を殺すことがある

■仕事（ワークライフ・バランス）

「笑い」は俺の人生を圧倒的なまでに変えちゃった

仕事に関しては、30代の頃からいろいろな言い方をしてきた記憶がある。たとえば、「世間よりもまず先に自分のほうが飽きるから、いかに飽きなくするのかがいまのテーマ」だとか「ものすごい飽きっぽいのに漫才だけは続けているのが不思議」だとかね。

その時々で感じることはあったし、年齢やキャリアによる変化もあっただろうけど、芸人になった頃から年齢を重ねたいまも一貫して変わらないことは、いわゆる「お仕事」だとは思っていないということ。やらされてる感が一切なくて、むしろ自分の大好きな遊びが、デビューした頃からずっと続いている感覚がある。

ワークライフ・バランスという言葉が象徴するように、世間的にはプライベートと仕事の兼ね合いを考え直す時代なようだけど、実はそういう自戒的なムードというのは、昔からあったわけでね。「エコノミックアニマル」という言葉が流行《はや》った頃だって、日本人は働きすぎなのかなとみんなが感じ始めていたはずでしょ？　だから、いまどきのワークライフ・バランスという言葉に目新しさや違和感を抱くことはないし、すべてはその人その人によるよなぁと思う。

たとえば俺は、世間で言うところの休日に原稿を書いている。

しかも最近は、締め切りに追われてというだけでなく、自分が書きたいと感じるテーマの長編小説を、ああでもないこうでもないと綴っている。つまり、誰からも催促されていないのに、休日だろうが「働きたい」と思って小説を書いている。

なのにもし、「もっとワークライフ・バランスを考えて！　休日は書いちゃだめ！」だなんて言われた日には、ちょっと途方に暮れてしまう。というか、ほっといてほしい（笑）。すべては人それぞれなのだから、バランスを取りたくて、その生き方を選択できるのであればそうするほうがいいだろうし、俺のように好きな仕事をやっている人はアンバランスでもいいじゃんと思う。

では、俺の個々の仕事観はどうか？　テレビやラジオなどと仕事別に細かくわけるとするのなら、それぞれにいま感じることや原点があったりする。

まずは、テレビ。

テレビがつまらなくなったと言われて久しいし、実際にそうなのかもしれないけど、俺はまだまだ希望があると感じている。その希望はなんだろうって考えると、結局、自分が視聴者だった頃に夢中になったバラエティ番組の系譜に連なるものを作りたいということ。具体的には、歌あり、コントありのバラエティだ。

永六輔さんというテレビ人がいた。

永さんが手がけたテレビ番組のひとつに※『夢であいましょう』というＮＨＫのバラエティがあるんだけど、これがまさに、歌あり、踊りあり、コントありっていうプログラムで、のちのテレビ人にものすごく影響を与えた番組だった。ちなみに、放送時期は1961年～66年だから、俺はリアルタイムでは見ていない。

実はこの永六輔さん、爆笑問題もお世話になっている放送作家の高田文夫さんともゆかりがあったらしい。以前、高田さんのラジオ番組を聴いていたら、次のようなエピソードを話していた。

高田さんがプロになろうと思った時に、最初は『シャボン玉ホリデー』などの放送作家をしていた青島幸男さんのところに行こうとするんだけど、青島さんが都知事選に出馬するというので作家活動をやめてしまったと。それで、次に誰のところに行こうと考えて永六輔だとなる。高田さんは永さんに「弟子にしてください」とお願いするんだけど、すぐに手紙が届いて「僕は弟子は取らない主義なんです」「弟子は取らないけどお友達なら」と書いてあったんだって。高田さんは「永さんみたいな大御所と若造の頃の俺が友達になんてなれるわけねぇだろ（笑）」って、その頃を思い出したのか、うれしそうにしゃべっていた。

その後、プロの放送作家になった高田さんは、テレビやラジオでヒット番組を手がけて売れっ子になるんだけど、そんなタイミングで永さんと再会したんだって。そしたら、永さんが高田さんのことを覚えていて、こんな会話を交わしたらしい。

「いまからでもいいから弟子にならない？」

「お友達なら」

そんな後日談も最高だなぁと笑いながらも俺は、歌あり、コントありのバラエティ番組の原点って、実は永六輔さんなんだなぁと再認識させられてもいた。

永六輔さんが作・構成を手がけた『夢であいましょう』というのは本当にすごいバラエティ番組で、この番組から渥美清さんや黒柳徹子さんがブレイクし、梓みちよさんの『こんにちは赤ちゃん』や坂本九さんの『見上げてごらん夜の星を』という大ヒット曲がうまれている。

そして俺は、起きて見るほうの夢に思いを馳せる。

テレビがおもしろくなくなったと言われているいまの時代だからこそ、もしかしたら、世間の人もそういうバラエティの原点を求めているのではないか？　ＶＴＲが中心のいまのバラエティ番組に、そろそろ飽きてきているんじゃないか？

もちろん、ミュージシャンの出演交渉ひとつにしても、昔よりもいまの時代のほうが大変だろうし、良質なコントを作ろうと思えば、すぐれた作家陣が集まらなければ無理だ。でもだからこそ、もし実現したなら、めちゃくちゃおもしろいだろうなぁと夢想してしまう。

そして、ラジオ。

これはもう、ビートたけしという原点に尽きる。

伝説の※『ビートたけしのオールナイトニッポン』。

たけしさんがいろいろとやっている仕事のなかから、ファンとしてひとつだけ選べと言われたら圧倒的にラジオだ。

初回の放送日のことも鮮明に覚えている。

１９８１年。漫才ブームの真っただ中。ツービートの名は知っていてもどっちがたけしかきよしかは把握できていなかった頃。いきなり新聞のラテ欄に、しかも、その年の元旦に「ビートたけし」の名が躍る。

「ビートたけしって誰だ？」

「あれだろ？　あのツービートのちっちゃいほうだろ？」

そんな感じで友達と盛り上がって、もうね、ワクワクしながら番組の始まりを待ったんだけど、あとから高田文夫さんに聞いたところによると、あれはニッポン放送が勝手に「ビートたけし」とラテ欄に打っただけだったらしい。つまり、当時のたけしさんは、自分から「ビートたけし」とは名乗っていなかった。

ちなみに、高田さんは、『ビートたけしのオールナイトニッポン』の作家であるいっぽう、まるで相方のように番組にも出演していて、その軽妙なしゃべりが俺たちリスナーの間でも人気だった。さらにちなみに言うと、1回目の放送の時は、ふたりともガチガチに緊張しちゃって、手を握り合いながらしゃべっていたらしい（笑）。

たけしさんのラジオのなにがあんなにも魅力的だったのか？

当時のラジオパーソナリティは、谷村新司さんや中島みゆきさんなどのミュージシャンが起用されていた。それぞれにおもしろかったんだけど、やっぱりどこかで悩み相談というか、「いいこと言う」みたいなコーナーがあったのね。それがミュージシャンがパーソナリティをつとめるラジオ、とくに深夜番組の定型だったように思う。

ところが、ビートたけしは、ぶっ壊す。「赤信号みんなで渡れば怖くない」「寝る前にちゃんと締めよう親の首」といった交通標語をパロディにした毒のあるコーナーなどをうみ出し、それまでは当たり前だと思われていた世の中の価値観を茶化した。そして、2時間まるまる全部がギャグだった。いいことなんてひとことも言わないっていうね（笑）。

もちろん、放送第1回目から笑いっぱなし。こんなにもすごいしゃべりをする人が世の中にいるのかという衝撃。そもそもが濃密であるビートたけしのさらに一番おもしろいところを濾して濾して凝縮したような怒涛の2時間。

俺にとってはあの番組の全部が名場面だけど、たとえば、その当時に起きた金属バット両親殺害事件の犯人の名前がコーナータイトルになってしまうという企画は衝撃的だった。たけしさんが、犯人の名前を言って「本人から電話がかかってきてます」なんて言い始める。でも、つながった電話で「おい！」とたけしさんがうながしてもなにも言わず、「……」と鼻息が聞こえるだけ。そこでたけしさんが「鼻息男か、お前は！」とツッコむっていうね（笑）。いまでは考えられないぐらいめちゃくちゃなことをやっていたと思うんだけど、聴いてるこっちはゲラゲラと笑っていた。すべての価値観があの瞬間に変わったと言ってもいいぐらいの衝撃だった。

そこから、たけしさんの快進撃が始まる。『オールナイトニッポン』には、次々と名物コーナーがうまれ、テレビでは『オレたちひょうきん族』が始まり、「タケちゃんマン」が大人気となる。

いま振り返ると、ラジオでは、たけしさんの快進撃を週に1度の報告として聞くのも楽しみだった。毎週木曜深夜の放送をカセットテープで全部録っていたんだけど、次の日にも学校があるから3時まで起きてるのは大変で、なんとか2時まではがんばって、120分テープを裏返して録音ボタンを押してから寝ていたものだった。もちろん次の日は「昨日、聴いた?」が友達との合言葉。なにを聴いたのかなんていう主語が必要ないほど、みんながたけしさんのオールナイトに夢中だった。

そんな週に1度の報告のなかで、一番すごかったのは、たけしさんが※『戦場のメリークリスマス』という映画に出演した時の話だ。

その映画の監督は大島渚という巨匠だったんだけど、たけしさんが出演をOKする条件が「俺を怒鳴らないでくれ」「怒鳴られたら帰る」だったんだって。大島監督も「わかった」と言って撮影が始まるんだけど、たけしさんがNGを出しても怒れないから、大島監督はたけしさんの近くにいるよくわかんない役者に「バカ野郎！」と怒鳴っちゃうと。たけしさんは「そいつがかわいそうでさぁ」とネタにしたり、映画の冒頭で登場するトカゲの撮影の時には、そのトカゲに向かって「よーいスタート！なんてやるんだよ。トカゲにわかるわけねぇだろ！」とまくしたてる。大島監督的には3秒間動かないトカゲの画がほしかったんだけど、そのトカゲがうまいこと止まってくれないもんだから大島監督が「お前どこの事務所だ！」って怒鳴ったっていうオチにも大笑いだった。

そのほかにも共演のジョニー大倉さんとふたりでマリファナを買いに行こうとして売人に会いに行ったけど買えなかったなんて危ない冗談も盛りだくさんで、もうね、リスナーの俺は、とにかくずっと笑っていた。

ところで、読者のみなさんは、ラロトンガ島をご存じだろうか？

おそらく、知らない人のほうが多いと思うんだけど、俺らの世代にとっては、超メジャーな存在だ。南太平洋のクック諸島の主島なんだけど、『戦場のメリークリスマス』の撮影場所で、『オールナイトニッポン』はそこからの生放送だとリスナーは信じ込んでいた。よく考えたらそんなわけないんだけど、それには理由がある。

高田文夫さんが書いた台本が絶妙だったのだ。「たけしさんが撮影中だから、今日はわざわざラロトンガ島からお届けします」ってBGMで鳥の声とか流して、「ニッポン放送からラロトンガ島まで地下を掘ってケーブルをつないだ」とか言うんだけど、本当は有楽町で録音していたっていうね（笑）。

そういうわけで、『ビートたけしのオールナイトニッポン』についてなら、いくらでも話せるけど、それぐらい夢中だったから、いまの爆笑問題にとってもラジオの仕事はものすごく重要で、すべての活動の基本だとも言える。

それでまた、テレビへの夢とは別の意味で、ある種のリアリティを持ちながらラジオには希望を持っている。

ラジオというメディアは、ポッドキャストやラジコなど、昔とはまた違う聴かれ方をするようになっているでしょ？

実際に『爆笑問題カーボーイ』という番組は、いったんポッドキャストから引き上げたんだけど、いまではまた聴けるようになっている。TBSとしては自社のプラットフォームサービスで番組を聴けるようにしたかったからなんだけど、ポッドキャストのすごいところは、世界中で聴けるということ。俺たちの番組でもポッドキャストのリスナーが「アメリカで聴いてます」などとメールをくれていたのがうれしかった。

ところが、ポッドキャストを引き上げてからはその手のメールがなくなってしまったのが寂しくて、本当にわがままを言って申し訳なかったんだけど、30分のワンコーナーだけでもと、ポッドキャストで聴けるように戻してもらったというわけ。

俺自身も、各種のサービスを使って、全国のラジオ番組を聴きまくっていて、それが『爆笑問題カーボーイ』の企画になっていたりもする。各地に個性的なパーソナリティがたくさんいて、やっぱりラジオはおもしろい。

そんなわけでラジオは、かつて想像したのとは別の発展の仕方をしていて、今後ものすごくおもしろいメディアになっていく予感がある。

あと、映画ね。

元SMAPの3人が立ち上げたサイト「新しい地図」の草彅（剛）くんが主演する短編映画を監督させてもらったんだけど、自分としてはおもしろいものができたと思う。でも、こればっかりは、観てくれた人の評判だから、みんながどう感じてくれるかではあるけど、将来的には、もちろん長編映画も撮ってみたい。

そのほかの仕事で言えば、文章を書くことと漫才があるんだけど、このふたつはただ楽しいだけじゃない。原稿の締め切り前や漫才のネタを考えている時は、本当に憂鬱だから。

でも、原稿を書くことのいいところは、独裁状態ということ。テレビにしろ映画にしろ、なんだったら漫才にしても自分以外の他者がかかわるわけでしょ？　たとえば、漫才で言えば、「ネタを作る」「練習をする」「本番で演じる」という3段階を田中と一緒にやるわけでね。それを共同作業と呼ぶのなら、共同作業も大好きではあるんだけど、文章は書いちゃえば終わりだから。ひとりで完結できるし、自由であるというのは、やっぱり魅力だ。

共同作業である漫才にしても、ワンクールに1回ぐらいだけど若手に交ざってネタをやれるというのはうれしいことだ。『M－1グランプリ』などのおかげで視聴者が漫才などのネタを求めてくれるようになったけど、もし俺たちがライブなどで漫才を続けてこなかったらそのステージには立てていなかったわけだから。

震災以降なのかな？　たとえば「スポーツの力」などと「なになにの力」みたいな表現を目にするようになったけど、俺にとっての笑いの力なんて、そりゃあ当たり前のように感じずにはいられないものだ。だって、視聴者として、おもしろいテレビやラジオにしびれたあげくに自らも芸人になっちゃってるわけで、笑いが俺の人生を圧倒的なまでに変えちゃったわけだから。その事実は、やっぱりものすごい力があるなぁと感じるに決まっている。

でもね、その認識から「だから笑いの力で世の中を変えてやる」なんて思いにはさらさらつながらない。笑いというのは、どうもそういうもんじゃないのだと思う。

笑ってもらえればそれでいい。

ただそれだけのために、今日も俺はテレビやラジオで余計なことを口走って、怒られちゃったりする。デビューしてもう30年以上経ってるのにいまだに怒られるだなんて、やっぱり仕事ではなく遊びの延長が続いているような気がするけど、ワークライフ・バランスだけは、各自の自由ってことでお願いできれば幸いです。

※「夢であいましょう」
永六輔と大倉徹也が作・構成を担当した音楽バラエティ番組。「目で楽しめる音楽」を目指し、曲ごとにセットを変え、コントやギャグを交えて進行。歌手のコント出演などの企画は後のバラエティ番組の原型となった。永六輔作詞・中村八大作曲による『上を向いて歩こう』『こんにちは赤ちゃん』等、歴史に残る名作を世に送り出した。1961年〜66年まで5年間放送。すべて生放送であった。

※『ビートたけしのオールナイトニッポン』
ニッポン放送の人気深夜番組『オールナイトニッポン』（am1：00〜3：00）の木曜日をコンビではなくビートたけしひとりが担当したラジオ番組。放送作家の高田文夫が相方を務める。当初は穴埋めのための番組だったが、人気爆発。まる10年のロングランとなる。メインパーソナリティ＋放送作家、のちに番組本出版という形は、現在のお笑い系のラジオ番組の基本を確立した。1981年1月1日〜1990年12月27日まで。

※『戦場のメリークリスマス』
1983年5月28日公開。監督は大島渚。出演はビートたけしのほかに、デヴィッド・ボウイ、坂本龍一など異色の顔ぶれ。映画音楽は坂本龍一が担当。撮影はクック諸島のラロトンガ島で行われた。カンヌ映画祭のパルム・ドール最有力候補だったが受賞を逃す。

■権威

賞って、わかりやすく世間を変える力がある

権威という言葉で思い出すのは、※STAP細胞騒動の時のことだ。

あの時、世間は一斉に小保方（晴子）さんを「捏造なんてけしからん！」と叩いたけど、権威とされる科学誌『ネイチャー』に対してはなにもツッコまなかったのが不思議だった。

小保方さんの論文が注目されたのは、『ネイチャー』という科学誌に掲載されたから、つまり『ネイチャー』が権威を与えたからとも言えるのに、バッシングは彼女に対し

てだけ。別に小保方さんを擁護するつもりはないけど、あの世間のムードには違和感があった。

まぁ、俺も含めて一般の人からすれば『ネイチャー』に対して専門的なツッコミなんて言えやしないとは思うけど、専門家である科学者がコメントを求められても、そこへの追及がないのが不思議だった。あれはなぜだったのか？　科学者たちは自分たちの業界の権威である『ネイチャー』を貶《おとし》めちゃダメだなどと忖度したのだろうか？

じゃあ、自分が権威ある組織や団体から表彰されるのが嫌かって言ったら、もうね、まったくもってそんなことはない。表現者のなかには、その権威の在り方に共感できないなどの理由で辞退する人もいるけど、爆笑問題や太田光個人は、そんなもったいないことは一切いたしません（笑）。

なにかの賞を受賞したという事実は、わかりやすく世間を変えることがある。

俺は、なるべく多くの人に自分たちの表現が伝わるといいなぁと思っているから、なにかしらの権威から認められることは、そういう意味でありがたい。

逆に言えば、なにかしらの権威に認められない新人や若手芸人なんて、それはもうひどい扱いだった。ネタ見せに行っても途中で「はい、もうやめて」みたいなディレクターもいっぱいいたし、ひどい時には「いまディレクターがいないんで、ちょっとビデオまわさせてもらいます」とADに言われて、カメラに向かってネタ見せさせられたりもして（笑）。そのうちにそのADにも電話がかかってきて席を外されちゃって、無人のカメラの前でネタをやらされたりもしたっていうね（笑）。

こっちが少し注目を集めただけで、手のひらを返すプロデューサーもいた。

コントのネタ見せをしてるのに「漫才にしたら？」と的外れなことを言っていたその人が、しばらくして同じネタを見せたら「違うねぇ、やっぱり爆笑問題のコントは！」と褒めちぎったりしてね（笑）。その人たちの権威がどれほどのものだったかは別にして、ひどいと言えばひどいけど、当時の若手芸人にとってはそれが当たり前だった。だからこそ、とにかく認められなきゃ話にならないわけで、権威そのものに違和感があろうが、もらえる賞だったら、ありがたく頂戴する。

さて、受賞に関しての話。

爆笑問題で言えば、1993年の「NHK新人演芸大賞」と翌年の『GAHAHA

キング 爆笑王決定戦』で10週勝ち抜いて初代チャンピオンになれたのは大きかった。当時は仕事がほとんどない状態だったから、わかりやすくテレビの仕事が増えるきっかけになって、本当にありがたかったから。

世間や仕事への影響はわからないけど、思い出に残っている賞もある。たとえば、2006年の「芸術選奨文部科学大臣賞」。バラエティからははじめての受賞だったらしいんだけど、爆笑問題を推してくれたのが、演出家の久世光彦さんだったと聞いて、それはもう大喜びした。

久世さんは、『寺内貫太郎一家』や『時間ですよ』などで脚本家の向田邦子さんとタッグを組んで名ドラマを世に送り出した人。俺は、向田さんもそれらのドラマも大好きだったから、久世さんと自分たちの番組で話せた時は、本当にうれしくてね。「これは俺の考えなんだけど、向田さんはこういう思いでこの作品を作ったと思う」なんて夢中で話していたら久世さんが「太田くん、〝俺の考えなんだけど〟という言葉はもういらない。あなたが思う向田邦子像は、全部が正解だから」と言ってもらえた時は、心の底からうれしかった。そんな久世さんは、「芸術選奨文部科学大臣賞」の授賞式の前に亡くなってしまったけど、久世さんが推してくれたからもらえたあの賞は、光栄だったし、忘れることなどできない。

2006年の「万年筆が似合う著名人」に選ばれたのも思い出深い。

俺は原稿を書く時に万年筆なんて使わないんだけど、『トリックスターから、空へ』という書籍を出版した頃だったから、そのイメージで選んでもらえたのかもしれない。

で、一緒に選ばれたのが小池百合子都知事だったんだけど、「万年筆でなにか書きますか?」とインタビュアーに聞かれた時に「俺はマスしかかかない」って(笑)。「だから小池さんとやりたい」みたいなことを言ったら、小池百合子都知事がむっとしてたっていうね(笑)。

ある意味で、大きなものを動かしたこともある。

2007年の「ゆうもあ大賞」を俺個人でもらったんだけど、太田総理(『太田光の私が総理大臣になったら…秘書田中。』)という番組が認めてもらえたみたいだった。

その時のプレゼンテーター的なポジションにいる人が元総理の森(喜朗)さんだっ

たんだけど、あの人ってなにかと失言が多いじゃない？　それでよせばいいのに、スピーチでの俺は「失言と言えば俺か森さんですね」なんて森さんを茶化しちゃったわけ（笑）。そしたら、森さんが途中で帰っちゃったんだけど、司会の人の言葉によれば仕事での退席だと言う。あぁよかった、怒ったわけじゃないんだとほっとしてたんだけど、後日、別の人から聞いた話だと「あんたのおかげで大変だったよ。森さん、カンカンに怒っちゃって、プレゼンテーターも降りちゃってさ。後任を探すのも大変だったんだから」と。ゆうもあ大賞のプレゼンテーターだからといって、ユーモアを理解してもらえるとは限らないんだなぁと反省したものです。

　ぬか喜びしたこともあった。

　ある日突然、マネージャーが「星新一賞※、取りました！」なんて興奮して言ってきたのね。でも、その時期はとくに新作を発表しているわけでもなかったから、過去に書いた短編が評価されたのかなぁと喜んだんだけど、「違います。審査員です」と。もうね、がっかりした。かなり高いところまで持ち上げておいて、一気に落とされた気分だった。

とはいえ、大好きな小説家である星新一さんの冠がつく賞だから、謹んで審査させてもらった。ちなみに、審査員を経験するのなんて初めてのこと。そんな人生初審査員を経験して不思議だったのは、自分の立場だ。

最終審査を朝9時から夕方の5時ぐらいまでやったんだけど、やっぱり、自分が推したい「これは！」って作品があるわけじゃない？　その作品の評価がほかの審査委員の人にとってはいまいちな感じだと、「いや、この場面の描写は実は！」なんて、自分が書いたわけじゃないのに、ものすごく熱のこもったプレゼンをしていたっていうね（笑）。

というわけで、権威そのものには違和感がないこともないけど、権威からもらえる賞には目のない俺が、どうしてもほしいと言い続けているのに、候補にすら選ばれないのが各種文学賞だ。

これはいったい、どういうことなんでしょう？

直木賞でも本屋大賞でもなんでもいいんだけど、受賞できなくても全然よくて候補に選ばれるだけでもいいってんのに、これがまぁ、ビタ一文選ばれない。

仮に候補に選ばれたとするでしょ？　そしたら俺は、その賞がいかに素晴らしいかを宣伝しまくるし、候補作も全部読んで、全部褒める。約束する。毒舌だなんだと言われることもあるけど、絶対に褒める。これがまた、俺なんて小説を褒めるのがうまいんだから、候補作全部が売れるに決まってるんだから（笑）。

そのうえで、俺の小説が落ちると。そしたら、「太田落選！」と話題になるように、落選会見を開きますから。もうね、その賞のためだったら俺はなんでもする。

なのに、一切ひっかからないって、どういうことなんだろ？

さて、権威というものをお笑いの表舞台に立つ人に目を向けてみると、ビッグ３などの大物たちは、そりゃあ外から見た構造的には権威を持っているんだろうけど、本人たちにその意識はまったくないように感じる。

ビッグ３じゃないけど、（笑福亭）鶴瓶さんなんてまさに権威とは無縁で、後輩に平気で頭を叩かれたり、俺にパンツを脱がされたりしてもゲラゲラ笑ってるから（笑）。かといって、同業者からなめられてる存在では一切なくて、テレビ業界のなかにいる人間は「いかに笑福亭鶴瓶がすごいか」というのを全員がわかっている。

タモリさんもそう。あの人はそこにいてくれるだけで、ありがたい人だから。『笑っていいとも！』の最終回がその象徴で、別にタモリさんがなにもしないのだとしてもそこにいてくれるだけで出演者全員がうれしいという人間性。

でも俺は『いいとも』のタモリさんが、そこにいるだけでありがたいだけじゃなくて、プレイヤーでもいてほしかった。だから、なるべくボケやすくしてもらえればと思って、レギュラーだった水曜日には、とにかくくだらないことをやり倒した。負けじとボケ倒すタモリさん。あの人にのっかってもらえたのが光栄だったし、ほかの曜日とは違うタモリさんを見せてくれたのがかっこよかった。

ところが、この「かっこいい」というのが芸人にとっては微妙で、たけしさんに対しては申し訳ないなぁと思うことがある。俺たちは生粋のたけしチルドレンでしょ？権威と言えば、たけしさんは映画でフランスから勲章をもらっちゃうほどの人だ。だからこそ、いまだにハゲヅラを被ったりくだらないことをやって、ある意味でのバランスを取っていると思うんだけど、俺たち生粋のたけしチルドレンは、それすらも「かっこいい」「すげぇ」と言っちゃうから。まぁ、これは俺たち世代の感覚で、もっと若い人たちは「たけし、おもしろい」と素直に感じているのかもしれない。

そして、明石家さんま。俺は『さんまのお笑い向上委員会』という番組にたまに呼んでもらえるんだけど、まず、肌で感じるのはスタッフや出演者のその番組にかける熱量のすごさ。俺は関西でもないし吉本じゃないから、外から参戦しているという感覚があるんだけど、そのアウェイ感たるやすさまじいからね。もちろんそれは、嫌な類《たぐい》のものではなくて、そうやってかかわる人すべてを巻き込む力こそ、明石家さんまという怪物だけが持っている人を魅了する力だと思う。

さんまさんは、60歳で引退すると言っていた時期がある。

そもそも、さんまさんとは爆笑問題がデビューしたての時期にすれ違っていた。

あれは、フジテレビが移転する前で、河田町にあった頃。

冬だったと思う。正月番組でさんまさんとたけしさんが出演していて、新人の俺たちはまずはたけしさんに挨拶へと向かう。CM前に駐車場でたけしさんがボケるというミニコントみたいなものがあったんだけど、その合間のことだった。

「新人の爆笑問題です」

「おう。漫才か？」

たけしさんからそう聞かれた記憶があるんだけど、しどろもどろだったと思う。なんといってもあのビートたけしが目の前にいるわけだから。たけしさんは、ミニコント用のステテコを着てたけど、神様みたいに雲の上にのっているようだった。

で、挨拶が終わって、ガチガチの緊張がとけてスタジオに向かったら、反対方向からさんまさんが歩いてきた。「うわ、さんまだ！」と素人丸出しで興奮しつつ一気に緊張感が戻ってくる。

「今日出させてもらう爆笑問題です」

「噂は聞いてます」

さんまさんは、そうひとことだけ返してくれた。そのひとことが、もう最高にかっこよかった。

その後、さんまさんは爆笑問題のことをなにかと気にかけてくれたんだけど、テレビの仕事がなくて大学の学園祭でミスコンの営業をしていた時のこと。まったくの偶然で『あっぱれさんま大先生』という番組で、当時大人気だった子役タレントの内山

（信二）くんが、ミスコンの審査員になって、それを番組で追いかけるというコーナーがあったのね。そのVTRで司会の俺らが一瞬だけ映った瞬間に、さんまさんは「爆笑問題や！ がんばっとるな！」とわざわざ言ってくれる。うれしかった。でも、そんなさんまさんのかっこよさとは裏腹に、俺は、楽屋で内山くんをいじめ倒してたんだけど（笑）。

そんなさんまさんが60歳で芸能界を辞めるという。

俺はどうしても言いたかったことを、ラジオで共演できたタイミングで口にした。

「ちょっと勘弁してください。いまこれだけの頂点にいて、ぱっと辞めるだなんていくらなんでもかっこよすぎるでしょ？」

さんまさんは、真剣に聞いてくれて、こう言った。

「あかんのや。俺がいたらあとの者が出てこれへんねん。お前もそうやで？」

いやいやいやいやいやと。一緒にしないでくれと。俺はまだ全然さんまさんみたいな高みにいないし、まだまだやりたいことがいっぱいあると。それに、さんまさんが後輩を思って辞めても、そんなのみんなだってうれしくないと。

その後、さんまさんは辞めるのをやめてくれた。

そして、さんまさんはいまだに怪物でい続けてくれている。

本気で60歳で辞めようとしていたようで、すでに組んでいた引退番組の特番もなしにしてくれて、「太田に言われたひとことが大きいんや」といろんなところで言ってくれているらしい。

どうですか？　これはお笑い界の美談でしょうか？

たしかにさんまさん自身はかっこいいけど、そこに俺がからむと台無しになってしまう。だって俺は、そのあとでさんまさんに会った時に「お願いですから、その話をもっといっぱいしてください。俺の株があがるから」なんて言っちゃったから（笑）。

お笑いと権威。俺が憧れた先人たちは、そんなものと無縁に今日も多くの人を笑わせている。俺もそうなりたいかと言われれば、ちょっと疑問だ。

一度でいいから手に入れてみたいんです、権威ってやつを。

だって、ずっとやりたいと願っている歌ありコントありの番組も、俺に権威があれば実現するかもしれないでしょ？　まぁ、そんな力を笠に着た番組ができたってうれしくないのかもしれないけど、まだ見ぬ権力というやつへの憧れが、俺にはたしかにあるということを否定できない。

そして、もしも爆笑問題が権威を持てたのなら、ビッグ1と呼ばれたいという野望を持っていることも否定できません。そんな夢が実現したのなら、田中のことはスモール1と呼んでいただければ幸いです（笑）。

※ STAP細胞騒動

STAP細胞とは、山中伸弥京大教授が作成したiPS細胞とは異なるアプローチで体細胞の万能化を実現させたものとしてイギリスの権威ある学術雑誌『ネイチャー』に2本の論文が掲載された。発表当時、大発見だと激賞されたが、論文発表直後からさまざまな疑義が指摘され、ネイチャーも掲載を撤回。論文を発表した理化学研はその後も実験を続けたが、検証に至らなかった。現在、STAP細胞の論文は、ほぼ否定されている。

※ 星新一賞

星新一は、小松左京、筒井康隆とともに「SF御三家」の一人。1000を超す膨大な作品を書きながら、どの作品も質の高さを兼ね備えていたことから「ショートショートの神様」と呼ばれた。星新一賞は、2013年から始まった日本経済新聞社主催の、理系的発想を土台にした短編作品の文学賞である。

■才能と技術

「才能がないかも」と悩んでいるなら、そんなもん入り口でしかない

なにをもって才能と呼ぶのか。

この手のテーマは、ひどく難しい。たとえば、田中のことを「この世界で30年以上のキャリアがあって、あれだけ変わらないのも才能」と言う人がいる。それを才能と呼びたきゃ呼べばいいけど、俺に言わせりゃ、そんなものは詭弁だから（笑）。出会ってから今日まで、田中に才能があるだなんて一度も思ったことがない。

じゃあなぜ、才能について語るのが難しいのかと考えると、結局、わからないから

だと思う。才能を「売れる」という言葉に置き換えてみてもそうで、この世界は、誰がいつ売れるかだなんて誰にもわからない。

ピコ太郎がいい例だ。『ボキャブラ天国』という番組で一緒にやっていた頃は、底ぬけAIR LINEというお笑いトリオだったんだけど、その後、古坂大魔王の名でピン芸人として活動していく。そんな古坂を、くりぃむしちゅーの上田や俺は「あいつが売れないなんておかしい」とずっと言い続けていた。でも、売れない。どこに行ってもなにをやっても売れやしない。

そんな古坂大魔王を見かねて、どうにかしたいと思った上田は、さんまさんに売り込みまでする。ところがその時に「古坂という日本一おもしろいやつがいるんですよ」と言っちゃったもんだから、さんまさんが「日本一」という言葉に食いついちゃう。「俺よりおもろいんか?」と言われた上田は「あ、違います。日本2位です」と慌てて訂正したっていうね(笑)。そんな感じで苦労していた古坂大魔王なのに、ジャスティン・ビーバーが、ひとことつぶやいただけで大ブレイクしたのだから、この世界の売れる・売れないは本当にわからない。

小島よしおが売れた時もそうだった。

うちの事務所は『タイタンライブ』というお笑いライブを2ヶ月に1回やっているんだけど、その舞台には、日本エレキテル連合などのタイタン所属のメンバー以外に他事務所の芸人にも出演してもらっている。他事務所で若手芸人の場合は、わざわざネタ見せに来てくれて、うちの作家や『タモリ倶楽部』などの放送作家である高橋洋二さんが「おもしろい！」と感じたら出演してもらうんだけど、ある時、ブレイク前の小島よしおがネタ見せに来てくれたことがあった。そのネタ見せでの小島くんは合格しなかったんだけど、次の月には大ブレイクしていたから。

この事実は、審査した作家の見る目がないとかの問題じゃなくて、それぐらいお笑い芸人の売れる・売れないなんて誰にもわかりゃしない。

そのオーディションに関して昔から俺が言っているのは、「芸人に対してダメ出しだけはしないでくれ」ということ。その理由は、爆笑問題が若手時代にテレビ局のネタ見せに行って的外れなダメ出しをするやつらにムカついたからというのもあるけど、一番大きいのは、誰がいつ売れるかだなんてわからないと切実に思うからだ。

笑いの世界の正解なんて、俺には本当にわからない。

だからもし、『M－1』の審査員の依頼があったとしても断ると思う。でもね、その理由は笑いの正解がわからないということからだけじゃなくて、せっかくのあの大会の緊迫感をぶち壊してしまう予感があるからだ。審査よりも先に、とにかく自分がウケたくなっちゃうっていうね（笑）。「いまこの場で0点とか出したらどうなっちゃうんだろ？」「いやいや、さすがに『M－1』でそのボケはダメだろ」という葛藤はあるだろうけど、やっぱり0点を出してしまう気がする。いや、絶対に出す。俺にはその誘惑に勝てる自信が一切ない。

そんなわけで、才能に関しては「わからない」というのが本音だけど、その言葉と対になる「努力」もまた、微妙な言葉だ。

俺は、お笑いの仕事はもちろん、小説などの文章を書くことやそれにまつわる調べ物、ある時期までしていたメモを残す行為を努力だと思ったことが一度もない。メモに関しては小説を読むごとに感想や気に入った一節を残していたんだけど、なぜ「ある時期まで」かと言えば、いまは自分の新作を書き上げたい気持ちが強いから、ほかの人の小説を読めていなくてメモの取りようがないってだけの話。その小説を書く時間も世間で言うところの休日にしているから、努力と呼べないこともないんだろうけど、俺の語感としては違う。好きなことをしていることのなにが努力だよって話だから。

俺の語感としての努力は「嫌なことをがんばる」となるんだけど、これがまぁ、その手の才能が子供の頃から悲しくなるぐらいに、見事にまったく一切ない。

小学校の宿題から数えてこの方、一度も努力できた試しがないから。夏休みの宿題も一切やったことがないんだけど、あえてやらないといったかっこいいものじゃなくて、毎年毎年、「初日に全部終わらせるぞ。そうすりゃあとは毎日遊べる」と思っていた。だけど、体が動かない。次の日も「今日こそは」と思うんだけど、やっぱり体が動かない。結局、一度も机の前に座ることなく長い夏休みが終わってしまう。「こんなことがありえるのか?」と毎年毎年思いながら、それでも一度も宿題をやることなく、ダメな大人になってしまったというね(笑)。

才能と努力がセットで語られることがあるとすれば、才能と技術もまたよく耳にする組み合わせだ。

技術に関しては、才能や努力よりは、思うところがある。漫才を例にとっても、技術はものすごく重要だから。「こういうやつっているよなぁ」といった共感や「このあとどうなるの?」といった臨場感を客に感じてもらうためには演技力が絶対に必要で、それって技術と呼ばれるものだと思う。

歌舞伎や能などの日本の伝統芸能がすごいのは、「悲しい」「うれしい」といった人間の喜怒哀楽が、首の角度や手のかざし方といった所作で表現できるはずだと長い年月をかけて、技術として突き詰めたところにある。つまり、感情表現には型があるということ。人形浄瑠璃もそうでしょ? これは、日本の芸能とそれを感じ取れる日本人のすごいところだと思うんだけど、ただの人形が泣いているように見えるのには、その型があるということだから。

もちろん、芸における型は日本の伝統芸能だけのものじゃなくて、たとえばハリウッドの名優を数多く輩出してきたアクターズ・スタジオの演技の基礎は、ソ連時代のスタニスラフスキーシステムによるところが大きい。じゃあそのシステムがなにを伝えようとしたかというと「型は大事だよ」ということ。そういう海外の演技メソッドよりも、ずっと昔から、そのことに気づいて極めようとしてきた日本の古典芸能は本当にすごいと思う。

ただ、演技の技術も、感性という別の要素に左右されるのが、少々ややこしい。

型があるのならば、誰でもそれを習得できそうなものだけど、実はそうでもないということを俺は経験したことがある。

作家にダメ出しをしないでくれと言うぐらいこの世界の正解みたいなものをわからないと思っているから、俺自身もほかの芸人から相談されることが嫌で嫌でしょうがない。

それでも一度だけ、事務所の後輩がコンビを解散するかもしれないという時期だったので、彼らの漫才の演出的なことを手伝ったことがあった。

これがまぁ、無理だった。その場面ではこの型、その時はこんな感じでなどと自分なりにわかりやすく伝えたつもりでも、彼らには再現できなかった。おそらく、スポーツと同じなのだと思う。野球のバッティングで「このフォームで打ってください」と優秀なコーチが教えても、やっぱりできない人はできないし、野球感性みたいなものがすぐれた人は、すぐに打てるようになる。

では、技術を育てるベースとなる感性を才能と呼ぶのか？

もしそうだとするのなら、話は最初に戻って、俺にはやっぱりよくわからない。

ひとつだけ言えることがあるとすれば、もし、若い読者のなかで「俺には才能がないのかもしれない」などと悩んでいるやつがいるとしたら、そんなものは入り口でしかないということ。

たとえば、立川談志師匠。

俺は間近で師匠を見ていて痛感したけど、あの人は最後まで自分の才能と向き合っていた。過去の大名人と自分を比較したり、もっと言えば古典落語そのものと格闘していた。師匠の心の内には、古典落語に勝ちたいとの願いがあったのだと思う。だとするなら、江戸時代から明治、昭和、そして現在へと受け継がれてきた芸には到底勝てるもんじゃなくて「俺は負けた」と時には落ち込んだこともたくさんあったはずでね。あれだけの天才がそこまで悩んでいたんだから、若いやつごときが才能について悩むなんて当たり前の話で、それが入り口だし、そこからしか始められない。

かくいう俺自身、迷ってばっかりだ。

たまに「漫才が天職ですね」などと言われることもあるけど、自分ではそんなことを一切思っていないから。自分としては、子供の頃に憧れた歌ありコントありの番組でネタをやってみたいと願っているし、小説も書きたい。なかなか実現できないけど、長編映画も撮ってみたい。しかも、売れたい。でも、どうすれば売れるかなんてわからない。だからいろんなことに手を出しては失敗しているんだけど、それでも「なにかあるんじゃないか？」と探し続けている状態だから。

40歳の頃の桑田佳祐さんは、「他者との比較ではなく自分のなかで一番信じられる才能は？」との問いに「17歳の頃の感性をいまだに信じられるところ」と答えたという。桑田さんの言葉ほどかっこよくはないけど、ふつうの大人ならいい加減自分の向き不向きとかいろいろ見えてくるはずなのに、いまだにずっとわかっていないところが俺の才能なのだろうか。いや、それも最初の田中の才能の話と同様に詭弁だと思う。

そういえば、ピコ太郎のブレイクを予見していたあの上田は俺に会うと「あんたが売れた理由がまったくわかんない」とよく口にする。その通りだと思う。そもそも、売れる・売れないがどの段階を指すのかも難しいし、やっぱり、才能や売れるというテーマは俺にはよくわからない。

■古典

古典芸能のすごみは、型を作って残しているってこと

古典という言葉を辞書で引くと「古い時代に出来、現在までなんらかの価値が認められてきた本」とある。古典芸能や古典音楽と言葉を足しても、おおよそそのような意味なんだろうけど、俺の語感で言うと、古典とは近松門左衛門やシェイクスピアを指す。ロシアの文豪であるチェーホフですら、古典の範疇に入らない。

太宰治や島崎藤村も、そういう意味で古典だとは思っていない。俺がふたりの作品を好きなのは、人間にとって普遍的な問題点を描いているということだから。まぁ、

人間にとって普遍的な問題点を描くことも「なんらかの価値」ではあるので、古い時代というのがどこを指すかっていうのが、人によって違うのだろう。

俺が太宰や島崎を好きになったきっかけは、チンペイだった。

チンペイっていうのは、元アリスの谷村新司さんの愛称なんだけど、俺が中学生の頃の谷村さんは、ラジオ番組でのしゃべりが抜群におもしろくて、下ネタも含めて大好きだった。そんな谷村さんのラジオ番組でよく登場していたのが、亀井勝一郎という名前。それで興味を持ち、亀井勝一郎の『青春について』を読んだんだけど、十代の俺には衝撃的な内容だった。

亀井さんはクリスチャンで、無償の愛以外を愛と呼ぶことを許さないとしていた。たとえば、子供が電車のホームから落ちて死にそうになった時に母親はなにも迷わず自分を犠牲にして飛び込める。見返りを求めない。そういうのが無償の愛だと書いていたわけ。当時の俺は萩本欽一さんが好きだったんだけど、困ったことに亀井勝一郎の書物に衝撃を受けた頃に『24時間テレビ』が始まることになる。欽ちゃんが好きだったから募金しようと小銭を貯めていたんだけど「俺が募金するたかだか何円かを愛と呼んじゃいけないんじゃないか？」とか、子供ごころに真剣に悩んでしまう（笑）。

ちなみに、亀井勝一郎は、募金とかが一般化される前の時代の人なんだけど、友人が金の無心に来たとするなら、「本当に申し訳ない」と思いながら貸しなさいと説いている。要するに、金を貸すほうの立場がどうしたって上になっちゃうわけじゃない？だから、貸す側が申し訳ないと思えと。それはいま考えてもおもしろい考え方だなぁと思う。

そんな亀井さんが太宰治と大親友だったものだから、俺は太宰やその流れから島崎の小説に傾倒していく。とくに島崎藤村の小説はひどく難解だったから、高校時代の半分ぐらいを費やして読み漁った記憶がある。読み終えても難解で、結局よくわからなかったというのが本音なんだけど（笑）。

太宰治の小説もまた、衝撃的だった。思春期に読んだということもあって、「なぜ俺の悩みをこの人は知っているんだろう？」と感じたものだ。実際、その手の感想は俺だけのものじゃなくて多くの読者にそう思わせる魔力が太宰の小説にはたしかにある。しかも、文章が天才的にうまいから、魔力だけじゃなくて魅力的でもある。

思春期の俺もしっかりと影響されちゃって「はたして俺は本当に映画を作りたいのか？　それとも映画を作っている人として認められたいだけなのか？」なんて悩む。一時期は味覚を失うぐらい悩んじゃって、それはもう大変だったっていうね（笑）。

太宰文学にハマって大変な目にもあったけど、ひとつよかったなぁと思えるのは、彼の作風の変化も愛せるということ。いわゆるファンというやつはそういうものだと思うけど、読み返す時々によって、この時期の太宰が最高だよなという感想が変化している自分に気づけるから。

たとえば、第二次世界大戦中は検閲がひどくてほとんどの作家が書きたいものを書けなかったんだけど、太宰は書き続ける。その内容は、「私は死にたい」とか「生まれて、すみません」という私小説的なものではなくて、空襲だなんだとうちひしがれている読者を少しでも励まそうとしているわけ。カチカチ山や浦島太郎といった昔話をユーモアを交えて自分の解釈を加えた『お伽草紙』なんて、物語としてめちゃくちゃおもしろい。

そういうエンタメ色の強い作品が一番好きな時期もあれば、ある時は、やっぱり『人

『人間失格』が最高だなと感じたりするし、太宰治の作品群が残ってくれていたからこそ、点ではなく線で楽しめるのは、すごいことだなぁと思う。

さて、亀井勝一郎と太宰治をめぐる逸話で、こんな話がある。

亀井勝一郎が一席を設けて、帝大生やファンを集めて「太宰先生を囲む会」を開く。太宰は賑やかな場が嫌いではないから、みんなを笑わせて上機嫌で会を進めていく。ところが、ひとりだけ一切笑わない学生がいて、ほかの参加者のようには打ち解けず正座も崩さない。最後にその男がこう口を開く。

「太宰さん?」

「なんだい?」

「僕はあなたの小説が大嫌いです」

そんな言葉で痛烈に太宰を批判したのが、一切笑わずに正座を崩さなかった、三島由紀夫だった。

太宰治は「嫌いなら来なきゃいいじゃない」などと、ちょっとゴマかしてやりすごしたみたいなんだけど、三島は以後も打ち解けずに帰っていったんだって。しかも、三島の太宰批判はそのあとも止まらなくて「自分のことをダメだダメだなんて言ってる女の腐ったみたいな小説家はダメだ」って、体を鍛えて割腹自殺で人生を終えるという道を選ぶ。それもまた極端な話でね。ふたりの小説が好きなファンの立場からすると、根っこの部分では似た者同士だったんじゃないかと思えて、俺はこのエピソードが大好きだったりする。

古典と流行りもの。残るものとそうでないもの。

厳密に言えば、流行って残るものもあるわけだし、あんまりその手のくくりに俺は興味がない。たとえばYouTubeにしても、ドリフのコントが100万回以上再生されていたり、ユーチューバーと呼ばれる人がネタをアップしていたりといろいろあるはずでしょ? デジタルメディアであるインターネットに存在する以上、アーカイブとしては半永久的に残る可能性があるんだろうけど、「古典」というテーマでの残らないで言えば、ちょっと違うだろうと俺は思っている。なぜかというと、俺は、YouTubeの再生回数100万回がすごいかどうかいまいちピンときていなくて、仮に100万人が見ていたとしてテレビの視聴率で言えばわずか1%なわけで、それがすごいのかどうかが判断しづらい。しかも、リピーターもいるだろうから、100万人も見ていないだろっていうね。もちろん、再生回数の問題ではなく、ユーチューバーからすごい人や作品が生まれる可能性はあるわけで、それを否定したいわけじゃない。

で、古典の話ね。

日本の古典芸能に感じるすごみは、「才能と技術」のテーマでも話したように、型を作って残しているということだ。落語もしかり。しかも落語には、演技するうえでの型だけじゃなくて、お話そのものにも受け継がれてきた型がある。落語界での談志師匠はその型をいかに自分流に解釈して再構築するかに一生を捧げたようなもんだけど、昭和の天才落語家である古今亭志ん朝という人は、残された古典という型をいかに無駄なくきれいに演じるかに尽力していた。そして、それぞれが素晴らしい。型を壊して再構築しようとした談志師匠も、型を守って美しい落語を残した志ん朝も大好きな古典落語家だ。

俺自身は、テレビの仕事は見ている人に笑ってもらえりゃいいし、ラジオの仕事は爆笑問題のど真ん中の仕事だと思っている。このふたつのメディアに関しては、あまり残すことにこだわりなんてないんだけど、結果として残ってくれるんならもちろんうれしくて、要はいいものを作りたいということ。小説や文章の仕事も含めて、誰がどうみてもいいものを作ってみたい。そうすりゃ、自然と残るものは残るだろうから。

古典というテーマから近からず遠からずの存在として芸術がある。

芸術の話で、よく思い出すのが、東京藝術大学の宮田亮平学長（当時）との喧嘩だ。

宮田学長は、東京オリンピックのエンブレムを選ぶ会の委員長だったり、東京駅の銀の鈴を作った人で、人物自体はおもしろい人なんだけど、まぁ、話しが嚙み合ったことがないわけ。宮田さんは「太田くんはテレビに偏りすぎている」と言う。「芸術作品というのは何百年も先に評価されることがある」と。つまり、「いま」を相手にしすぎるという主旨なんだけど、そんなの当たり前の話で、俺はいま伝えたいことがあって、いまの大衆に向かって表現を続けたくて、いまテレビに出てるんだよって。

もちろん、宮田学長が言わんとすることはわかるんだけど、じゃあ、いまを生きている学生たちにそれを言ってしまったら、表現者としての言い訳になるんじゃないか？　そもそも不安になるでしょって続けたわけ。すると、学長と俺の会話を聞いていたあるオルガン奏者の学生が手を挙げて「私は芸大の音楽学科でオルガンをやっています。いまどきオルガンのコンサートなんて誰も来てくれない。どうすればいいんでしょ？」と問いかけてきたのね。

俺は「だろ？」つって（笑）。君が死んで何百年後かに君の音楽が評価されたところで、君自身にはわからない。俺はそれをおもしろいとは思えない。高尚な志は尊い。でも、その思いは最終目標として、まずはいまの大衆に向かって表現して、しかもプロになることが大切なんじゃないか。最終目標に辿り着くまで霞を食って生きていくわけにはいかないんだから、金を稼がなきゃいけないと続けたんだけど、そのオルガン奏者の子にどこまで俺の言いたいことが伝わったかはわからない。

ただ、俺のほうは、そのオルガン奏者の子の気持ちがよくわかった。

お笑いの世界でもそういう現象があって「わかるやつだけわかればいい」という表現をしていると、いわゆる「通」しか客として来なくなる。

するとどうなるか。放送禁止用語を連発するだとかの、一見すると過激だけど芸としてはひどく単純なものになっていく。要は放送禁止用語を言えば笑うんだから、通といってもそんな客は元々たいしたことがないわけね。爆笑問題もそういう過激なライブに出ていた時期があって、一緒に出ていたやつらは「研ぎ澄まされた笑い」なんて言っていたけど、もっと危ないこと、より過激なこととなっていって、最終的にはパンクみたいに豚の血を客に浴びせるとかね。刺激的ではあるかもしれないけど、それのどこがおもしろいんだよって話だから。

仮にその放送禁止用語的要素を「毒」とするなら、テレビのゴールデン番組のど真ん中で、実は毒を忍ばせてお茶の間のみんなを笑わせたほうが、よっぽどすごいでしょって俺は思う。

たとえば、山の頂上で陶器を作っているんだけど「これは違う！」とか言ってバンバン割ってるようなバカがいるでしょ？　あんなやつになるよりも、誰もが使える身近な茶碗を作ってる人のほうがよっぽど偉いじゃんと俺は思う。そういう人たちだって、絶対にいいものを作るという志は抱いているはずだからね。その人の出自がアート畑だったとしたら「あいつは魂を売った」などと批判されるだろうけど、その人が芸術家としての最終目標や技術をいったん捨ててまで、まずは、みんなが使ってくれるものをと考えたとしたら、それは、そのジャンルを信頼しているからだと思う。

ミュージシャンでもそう。売れる前はレコード会社やプロデューサー連中にいろいろと口を出されることもあると思うんだけど、そこで「じゃあ俺はインディーズでいいや」とならずに、一度自分の思いやエゴは飲み込んで、絶対にメジャーで売れてそのあとでやりたい音を鳴らしてやると誓った人のほうが、音楽というジャンルそのものを信じていると思えて俺は好きだ。実際にそういう人の音楽は、いまの大衆に多く届いて、結果的に残るものになっている気がする。

ただね、これがお笑いというジャンルへの信頼はあるのかなどと問われると、その答えは微妙だ。そりゃあ、もちろん笑いは好きだけど、最近の若手芸人にありがちな「売れていないけどがんばってます！」「なぜなら、お笑いというジャンルは素晴らしいから！」みたいなノリに違和感があるからだ。たとえば、たけしさんが売れてから『浅草キッド』という曲で売れなかった日々を歌うのは、めちゃくちゃかっこいいと思うけど、うちの事務所のまだ全然売れていないコンビが『M-1』の3回戦ごときで落ちたことをシリアスに語っちゃうのは、どうにも気持ちが悪い。

いっぽうで、お笑いってそういうところがあるよなぁと苦笑した出来事もあった。

以前、映画監督の園子温さんと話す機会があったんだけど、「お笑いの人は自分たちがもうちょっと強い立場にあることを自覚したほうがいい」と言うわけ。園さんがバラエティ番組に出た時に感じたらしいんだけど、芸人というのは映画監督という立場を持ちあげておいて、自分たちは下からくる感じで笑いを取ると。でも、考えてみてほしいと。ゴールデンでMCをやっているような人たちの年収と俺ら映画監督のそれってどう考えてもこっちのほうが下で、映画監督の暮らしぶりなんて地味なもんですよと。なのに、芸人のほうが映画監督よりも下というようにその場の空気を支配して笑いにするから「芸人はずるい」と言われたんだけど、そういうところはたしかにあるなぁと思わされた。しかも俺たち芸人は、ふだんから散々人のことは言うけど、お笑い芸人をちょっとでもバカにされたら絶対に許さないから(笑)。

さて、古典にまつわる芸術の話ね。

そんなわけで、俺と宮田学長の会話がまとまったことは一度もない。いまの大衆と向き合うべきだと何度言ったところで「芸術とは迎合するもんじゃない」と宮田さんは返してくるからね。表現なんて人それぞれだからそれはそれで別にいいと思う。ただ、俺が宮田学長に感謝しているのは、あなたが作った銀の鈴は、芸術作品としてだけでなく、待ち合わせ場所としても便利ですよってことだったりする（笑）。

■立川談志

談志師匠は、ずっとずっと悩み続けていた

目の前にたけしさんがいる。

隣りには落語会の革命児・立川談志師匠。

ふたりとも根が照れ屋だから、ほとんどなにもしゃべらない。

ふたりにとっては、10年ぶりぐらいの会話だった。上野のうなぎ屋。窓から見えるひらりと舞う桜。俺は「たけしさんも大変ですよね?」などと気の利かない言葉で、どうにかして場を盛り上げようと必死だったけど、幸せな時間だなぁと感じていた。

その頃の俺は、談志師匠とラジオでレギュラー番組を持っていた。

憧れの談志師匠と仕事ができるっていうんで、俺は毎週毎週、師匠に会えるのを楽しみにしていたんだけど、当時の師匠の口癖は「死にたい」だった。あれだけの才能を持つ人がそんなことを言うなんてと違和感を持つ人もいるだろうけど、あの人は最後までそうだった。子供の頃のイメージで言うと、人間なんて歳を重ねるごとに穏やかになって、どんどん楽になりそうなもんじゃない？　でも、師匠は違った。最後まで悩み続けていた。まるで、永遠の青年のように。

立川談志の師匠である五代目柳家小さんに似せたしわがれた声がうまく出せなくなると「死にたい」。後世にまで語り継がれる「芝浜」を演じきったあとで会っても「死にたい」。その頃の師匠は年末に「芝浜」をやるのが恒例になっていたんだけど、その年の「芝浜」は「これがもう最高の出来だった」と実際に見た人から聞いていたわけ。俺は見逃したことを後悔しつつも、ついに師匠は落語のなにかしらの到達点に達したのだろうなぁと、会えることを楽しみにしていた。なのに師匠は、「死にたい」とやっぱり言うわけ（笑）。もちろん、出来栄えは最高だったと。演じている最中に自分がいなくなったと。演じる自分は高座にたしかにいるんだけど、すっと自分が消えていって、勝手に役が動き出すというはじめての体験。観客も身動きできず、演目が終わっても拍手すらできない。

芸能をやっていてそんな境地があるんだな、すごいなぁと感じて「どうですか、いまの気持ちは?」と俺が聞くと、「あんなことをやっちゃったら、この先、なにをすりゃいいのかわからなくなった」なんて言う。「ミューズは俺になにをやらせたいのかわからなくなった。死にたい」とも続ける。ミューズっていうのは音楽や舞踏や文芸の女神のことで、師匠らしい粋な言いまわしだなと思いつつ、だったらもう一緒じゃんと俺は感じていた。

うまくいかなきゃ「死にたい」。うまくいっても「死にたい」。正直に言うと、意味がわからなかった。10代の頃から、チャップリンをはじめとする天才や才能に憧れてきたけど、だったら俺は凡人のままでいいやとすらその時は思った。

ちょうどその頃、ある現場で俺はたけしさんと会う。

談志師匠は、ラジオの仕事で会う度に「太田、たけしのあの映画見たか?」なんてよく話題にしていたから、もしかしたら師匠はたけしさんに会いたいのかなぁと「最近の談志師匠はさすがに元気がないんで、ちょっと会ってもらえないですかね？」と相談する。

その時のたけしさんの言葉が粋だった。

「しょうがねぇな。俺が行って怒られりゃ、師匠もちょっとは元気になるのかな？」

それで、上野のうなぎ屋だったというわけ。

桜が舞う季節だったから、春だったと記憶している。

ただ、少しだけ誤算があった。俺は、たけしさんが師匠とふたりで会うとばかり思っていたのに「太田、お前が一席もうけてくれ」などと言う。というわけで、俺は「たけしさんも大変ですよね？」なんて気の利かない言葉を口にしながら、ぽつりぽつりと始まったふたりの会話に耳を傾けていた。

正確に言うと、たけしさんのその申し出を一度は断っている。だって、そんな大物ふたりの席に一緒にいるなんて緊張するじゃない？　でも、よくよく考えるとこんな機会は二度とないかもしれないと参加させてもらうことにしたのだ。

たけしさんが落語界のあれこれを聞く。

「あいつはつまんねぇやつだよ」などと毒づきながらも楽しそうな談志師匠。

俺はあの時にたけしさんの申し出を断らなくてよかったと心底思い、最高の雑談に聞き入っていた。

2時間ぐらいが経った頃だろうか。師匠が例の難解な言いまわしで、こんなことを口にし始めた。

「たけしがいて太田がいる。今日は最高にうれしい一日だ。ただひとつ俺にはおおいに頭を悩ませることがある。さっきからずっと小便がしたいのだが、行くべきか、行かざるべきか、それを悩んでいる」

「いやいやいやいや」

俺とたけしさんが同時にツッコむ。

「師匠、待ってますんで行ってってください」

「やめとく。もったいない」

「いや、行ってくださいよ」

「いい。いまのこの時間を無駄にしたくない」

「いやいや、逃げませんから、俺たち」

「やっぱいいい。小便なんてあれだ、いくらでも我慢できるもんな」

結局、師匠は席を立たず、最高の雑談が再開した。俺たちはずっと笑っていた。

しばらくすると、たけしさんがなぜか難しい顔をしてこう言った。

「師匠、すみません。ちょっと小便に行ってきます」

俺は爆笑した。たけしさんもトイレに行きたいのをずっと我慢をしていたのだ。でも、師匠が席を立たないものだから行くに行けず、ついに限界が訪れたのだろう。

「太田、あいつはえらいな。フランスで勲章をもらったんだろ？」

たけしさんの姿が見えなくなってから、師匠が俺だけに言う。

その頃のたけしさんは、その映画監督としての才能を認められて、フランス芸術文化勲章のひとつであるコマンドゥールを受章していた。俺はいいなぁと思った。たけしさんがいないところで褒める立川談志もまた粋な人だった。

ところが、この3人の最後は粋とはほど遠い下品なものとなる。

師匠がカバンから色紙を3枚取り出して「記念にみんなでサインしよう」と言う。サインだけならふつうかもしれないけど、あの人のことだからね。まずは、3枚の色紙に3個の放送禁止マークをでっかく書く。俺は笑った。たけしさんも笑っていた。そのマークの下に「立川談志」「ビートたけし」「太田光」と3人がサインを書いて、それぞれ1枚ずつ持って帰ることになる。いまでも俺はそのサインを大切に保管しているけど、放送禁止マーク付きだから絶対にテレビじゃ見せられないっていうね(笑)。

師匠は、あれだけの人なのに移動はいつも電車だった。

その日のたけしさんはでっかいロールスロイスで、俺も事務所の車で来ていたけど、後輩である我々が師匠のタクシーを呼んでお見送りしようとなる。でも、師匠は「いい、いい。そういうのはいいから。たけしは車だろ? 俺が見送ってやる」と言う。たけしさんは申し訳なさそうにしていたけど師匠は譲らない。しょうがないんで、ロールスロイスがうなぎ屋に横付けされたんだけど、後部座席に座ったたけしさんが窓を開けて「師匠、今日はどうも」と何度も何度も頭を下げていた。高級車であるロールスロイスに乗ってる人のほうがペコペコして見送られるだなんて、ふつう逆だろと俺は笑った。

師匠が言う。

「しかしまたインチキくさい車に乗ってるね」

「いや、実はこれバッタもんです」

たけしさんが、すかさず返す。しばらくそんなやりとりを繰り返したあとで、ようやくたけしさんの車が走り始めたんだけど、「インチキ野郎！」と大きな声で談志師匠が叫んだもんだから、「たけしだ！」「談志だ！」つって、店のまわりにいたサラリーマンが集まって大騒ぎになって大変だった。結局、その日の師匠はタクシーに乗って帰っていったんだけど、なんだか夢のような時間だった。

ビートたけしと立川談志。

たけしさんは浅草芸人時代にテレビに憧れやがて天下を取り、談志師匠は『笑点』を立ち上げるなどテレビの寵児にもなったけれど、最後は見限っていた。師匠にとっては高座の舞台が一番だったのだろう。

師匠に元気がないと相談した時、たけしさんは「師匠も志ん生のように落語と楽に向き合えればなぁ」とつぶやいた。

志ん生は昭和を代表する落語家で、晩年には高座にあがっても居眠りしちゃって、それでもファンは志ん生がそこにいるだけで喜んだ。落語と高座を最期まで愛した人だ。俺はたけしさんの言葉に同感だった。でも、俺もたけしさんも、立川談志という男がそうはできないからこそ悩んでいることを知っていた。あれほどの才に恵まれながらも日々の努力を重ね続け、決して満足することなく、悩み続けられる天才なんてめったにいやしない。本当に青年のようだった。悩み、悩み続けられるということ。その一点もまた、立川談志のすごみだった。

はじめて銀座のバーで会った時、師匠はこんな言葉を贈ってくれている。

「天下取っちゃえよ」

うれしかった。爆笑問題の仕事がまったくない状況から、少しずつ前に向かっているような時期の言葉だったから、そのひとことは大きな励みとなる。

ラジオ番組で毎週のように会っている頃、師匠は俺にこう言った。

「太田もいずれ俺のように悩むよ」

違和感という言葉は適切ではないけれど、俺は師匠のようには悩まない予感がある。

いや、正確に言うのなら悩めないだろう。

おそらく、悩むという行為にも才能が必要なのだと思う。

天才、異端児、名人。師匠に冠せられた言葉はいくつかあったけど、立川談志は悩み続けられる天才だった。そんな師匠が、たけしさんと3人で会ったその日は、ずっと笑っていた。春になるとふと思い出すことがある。談志師匠のあの笑顔を。

第四章

「世間」という真ん中にある違和感

■常識と田中さん

田中は〝日本の常識〟だけど、常識なんてあやふやなもんでしょ

天才物理学者のアインシュタインは「常識とは18歳までに身につけた偏見のコレクションのことを言う」との言葉を残している。

アインシュタインは、相対性理論発表時に同業者たちから猛反発を食らったから、説得力のある言葉だなぁと思う。「それでも地球はまわっている」でおなじみのガリレオにしてもそう。17世紀に発表された地動説が正しかったとバチカンのローマ法皇が公式に認めたのなんて、つい最近の2008年のことだからね。

考えてみたら、偉大とされる歴史上の人物の多くは、それまでは常識とされていたことを覆すんだから、とんでもなく非常識な価値観を見出したってこと。ある意味では気の狂った所業だと言ってもいい。

でも、学校で彼らの偉業を習う時には「英雄」や「偉人」として教わるわけで、つまり「立派な人」とされている。だから我々はついつい忘れてしまいがちだけど、この世界の歴史は狂人たちが作ってきた。

さて、俺にもプチ・アインシュタイン的経験がある。

京都大学の物理学の教授と大喧嘩になったことがあるのだ。

教授いわく、京都大学は特殊な大学で個性を重んじると。たしかに、京大イズムというか、常識にしばられない校風みたいなことが世間的にも伝聞されている。でも俺は、「それって本当なの？」と素朴な疑問を投げかけてみた。

たとえば、その物理学の教授が人生をかけて研究してきた理論があったとして、それを教授の常識とするのなら、まったく見当違いな非常識な理論をぶつけてくる生徒でも受け入れるのかって。

その教授は「受け入れる。京大にはその器がある」と言うんだけど、俺には違和感が残った。だって、自分が人生を捧げた研究を否定されたら、論理でねじふせるなり、自説の正しさを証明しようと躍起になるのが人間ってもんじゃない？　あのアインシュタインだって、相対性理論と対立する量子力学とは、真っ向からぶつかっている。

でも、その教授は、「いや、私は受け入れる」と言う。本当かよと。もうそこからは、「子供の喧嘩」という表現が的確なんだけど、こんな押し問答が繰り広げられた。

「じゃあ、そのへんの石ころも生きているとする学生が現れたらどうするの？　この時代にいまさら天動説を唱えるやつらが出てきたらどうする？」

「そんな非常識な学生はいない」

いやいやと。俺の物理学的たとえのレベルの話じゃなくて一番聞きたかったのは、そういう非常識な言い分を受け入れるかどうかってことでしょって。なのに、「京大は器がある。故に私は学生が提唱する学説がどんなものでも受け入れる」と、その教授が頑なに譲らないのがどうにも偽善っぽくて、腑に落ちない俺はこう続けた。

「じゃあ、地球外の星々が全部ひとつの生命だって言い張るやつが現れたら？」

「君とは話しにならない！」

ほらみろと。全然受け入れてないじゃんと。そのひとことでいちおうは気が済んだんだけど、その大喧嘩は京大の学生たちの前で繰り広げられたから、聞いてるほうはたまったもんじゃなかったかもしれない（笑）。

では、俺の本業である笑いにとっての常識とはどんなものか？

まず、笑いにとっての常識はとても重要なものだ。常識という一定の天秤がないと、そこからズレた笑いをうみ出すことができないからだ。

ただ、長いこと漫才を続けていて感じることは、常識の設定なんて案外簡単に変えられるということ。具体的には田中のツッコミがその役割なんだけど、たとえば、小池百合子都知事の※築地市場移転問題の時事ネタを漫才にする時に「いままでの都知事に比べればちゃんと築地の人にも頭を下げてえらい」との常識を設定するのか、「あの人もね、いつまでもダラダラとやりやがって」とするのかは、それに続くボケ次第でどうにでもできる。

安倍首相と森友学園の問題も同様で、「しかし、安倍さんも変なのにからまれて大変だったね」とすれば学園関係者や野党の連中のことを茶化すネタになるし、「しかしあの安倍っていうのは怪しいね。最近ボロボロとボロが出てきて」との常識を設定すれば、安倍さんを茶化す漫才になる。

つまり、漫才のなかの常識というのは、どっちにでもいけてしまう。

もちろん、聞いている人の納得感を得られなければダメだけど、そもそもが常識なんてあやふやなものだし、誰もがそれしかないと感じるただひとつの絶対的な常識なんて設定できるものでもない。

だからこそ漫才で大切なのは、どういう常識の設定が、よりおもしろいかということ。いまだに誤解する人がいるけど、爆笑問題の漫才にメッセージ性なんてものはなくて、ただ、おもしろいかどうかしか考えていない。

そりゃあ、若い頃には意図的にメッセージを込めようとしたこともあるけど、結局、1本だけじゃないからね。爆笑問題にとっての漫才は作り続けていくものだから、「政治ニュースが多すぎて客ウケがいまいちだったから、次はワイドショーネタを増やそう」だとかのその時々での試行錯誤も含めて、最終的には「おもしろいかどうか?」

でネタ作りの秤にかけることしかできやしない。

　そもそも笑いと関係ないことで言いたいことがあるのなら、ラジオやこの本みたいなメディアで、思う存分にしゃべるよって話だから(笑)。

　そういう意味でふつうに話すのなら、例の「日本の常識は世界の非常識」ってやつのひとつで、外国の人が「電車が定刻通りに来るのが信じられない」とか「荷物を置いて場所取りするのが不思議。自分の国なら盗まれる」とかの話があるじゃない?

　あの手の話を聞いていていつも思うのは、日本人というのは自分たちを高く見積もらないところがいいなぁということ。外国人が自国と比べて「日本の非常識」として話すことのいくつかはあきらかに褒め言葉だから、もしアメリカ人だったら「我が国の電車は定刻通りなのが自慢である!」などと自信満々に自分たちからアピールするだろう。でも、日本人は外国の人に指摘されてはじめて「あ、そうだったの?」とようやくそのよさに気づく奥ゆかしいところが好きだ。

　ただ、欧米の人への対応はそうなんだけど、これが中国や韓国といったアジアの近隣諸国への態度となると、日本人ってやつは途端に自慢げになるのが不思議だ。

たとえば、中国から日本に来る観光客に対して「マナーが悪い」とか言うけど、俺が子供の頃は日本の旅行客が世界中から「日本人はマナーが悪い」って散々言われていたわけでね。バブルの頃はもっとひどくて、「エコノミックアニマル」と世界中から揶揄されていた。それらをすっかり忘れて、中国の観光客を自分たちよりも下に見るっていうのは、どうなんだろうなぁと思ってしまう。

で、田中と常識の話ね。

かつて談志師匠は「田中は日本の常識だ。絶対に切るな」と言ってくれたけど、あれは師匠のやさしさだと思う。漫才の常識の設定という意味で言うと、それを考えているのは俺なわけで、田中にその才能があるわけじゃない。でも師匠はやさしい人だから、「コンビを解散するなよ」という意味で、その言葉を伝えてくれたのだと思う。

そういう深い意味があったにせよ、師匠ほどの人が「日本の常識だ」とした田中がコンビ結成からわずか3ヶ月目で「解散だ！」って非常識にも叫んだっていうね(笑)。

もちろん、言い合いになっていたからこっちも悪いところはあったんだろうけど、たった3ヶ月で解散ってふつうは叫ばないでしょ？　その時は、ムカつくやらびっくりするやら呆れるやらで、それはもう大変だった。

さすがに最近は、「解散だ！」と口にすることはないけれど、それは俺のほうが進歩して「あぁ、これ以上言うとまたキレるなぁ」とかあいつとの向き合い方を変えているってだけの話だから。田中のほうは身長と同じように、ありとあらゆるものが1ミリだって進歩しておりません（笑）。

でも、そういうところが田中なんだと思う。

進歩できないのには理由があって、あいつは本当に悩めない人間だから。本人も「悩んだことがない」とはっきりと言ってるし、少しは悩んだとしても1日経てばケロッとしていて、引きずることがない。うらやましいと言えばうらやましいし、そんな田中の性格のおかげで、ネタ作りそのものに関してぶつかることがないというのは、爆笑問題が漫才を続けてこれたひとつの要因なのかもしれない。

そういえば、子供が生まれた時の田中もすごかった。

ラジオでのやりとりだったかなぁ。「子供、かわいいの？」と俺が聞いたら「かわいいね」と言う。続けて「猫とどっちがかわいい？」と聞いたら「それは比べるもんじゃない」なんて答えるわけ。いやいや、そこは「子供」と言っとこうよと（笑）。それこそ、常識的に考えてみたらみんなそう答えるやりとりだろって。それでも、「いや、どっちもかわいい」って譲らないのだから、いやはや、田中という人間は、本当にすごい生き物です（笑）。

※ **築地市場移転問題**
２０１６年11月に築地から豊洲に市場を移転し開業する予定であったが、小池百合子東京都知事が土壌汚染に不安が残るとして開場延期を宣言。その後、小池知事が「一度豊洲に移転し、５年後に築地に戻す」等、度々姿勢を転換させたため、築地市場解体決定に至るまで１年４ヶ月弱を要することになった。予定より２年遅れ、２０１８年10月11日豊洲市場は開業した。

■モラルと道徳とルール

ルールそのものは、冷血であるべきだと思う

モラルと道徳とルール。

この3つは、似ているようでちょっとずつ違うような気がするし、お互いにクロスオーバーしている部分がある気もする。とりあえず、思いつくままに考えてみたい。

まず、モラルね。

あくまで俺のなかでの語感だけど、モラルというのは正義という価値観と結びついているようで、どうもしっくりこない。しっくりこないというか、俺のモラルっててな

んだろうと真剣に考えてみたけど、ひとつも思い浮かばなかった（笑）。

似たようなニュアンスでなんかないかなぁと探した言葉が「美意識」だったんだけど、こっちもとりたてて話すほどのもんじゃない。だって、ぱっと思いついたのが「自分の誘惑に負けない。逃げない」というありきたりなものだったからね。逆に言えば、俺の人生には逃げたいことだらけってことで、漫才を作っている時だとか、緊張するテレビの収録だとかは、もうね、「逃げてぇなぁ」とやりすごしたいことがいっぱいあります（笑）。

とはいえ、「芸能界にモラルは必要か？」と聞かれたら必要だと即答する。テレビなどのメディアに存在する放送コードや放送倫理というのは、もろにモラルなわけで、それがなかったら無法地帯になってしまう。そういうしばりがテレビをつまらなくするなどと言う人もいるけど、俺はまったくそんなことは思わない。放送コードや放送倫理ギリギリをいかに狙うかというのが醍醐味だし、だからこそ、おもしろくなる可能性を秘めているのがテレビなどのメディアだから。

もう少し、つっこんで考えてみると、芸能人がなにかしでかした時に謝罪会見というのが慣例になっているけど、あれも必要だと思う。

道徳という言葉ともリンクするけど、たとえばある芸能人が不倫をしてしまったとする。その当事者がCMにたくさん出ているような人だったら、やっぱり謝罪会見はしなければけじめがつかないし、逆に言えば、すべては立場によるということ。うちの若手芸人が不倫をしたところで、謝罪会見の前に話題にもならないから。個人的には、昨今のあまりにもいきすぎたつるし上げムードは、好き嫌いで言えば嫌いだけど、世間とはそういうものなのだと思う。

モラルと言えば、「若者のモラルの低下」みたいな言葉もあるけど、あまり気にならない。たぶん、先輩後輩という関係性にこだわりがないからだと思うけど、ある若手芸人関連の仕事で、あまりにもナメたことをされて怒ったことがあった。

ある時、うちの事務所の後輩コンビがライブイベントをやるとなった。

彼らのネタの合間かなにかに流すVTRを撮らせてほしいとの依頼をうちの関連会社のスタッフから受けたんだけど、それ自体は楽しいことだから別にいいのね。ただ、その依頼の仕方がちょっと乱暴すぎて「お願いします」と丸投げ状態だったわけ。そのイベントへのＶＴＲ出演が３回目だというのもあったから、どういう感じのＶＴＲならおもしろくなるかいくつかネタを出してほしいと頼んだ。宿題じゃないけど、簡単に言うともう少しだけ演者の気持ちも考えてほしかったということだ。

そして、しばらく経ったある日。

そのスタッフは田中にも同じような依頼をしていて、あいつのＶＴＲは後輩芸人が感じる田中の変なところをまとめてそれに関して本人にインタビューする内容に決まったという。それも別にいい。ところがだ。あろうことか、そのスタッフは「田中さんの一番近いところにいる太田さんも、田中さんの変なところをしゃべってくださいい」なんて、一切悪びれずに言ってきたわけ。しかも「テレビとかでまだ言ってない田中さんの変なところでお願いします」と続ける始末。

「は？」と。

なぜに俺が、田中ごときを盛り上げるコーナーに出なきゃいけないんだと。

しかも、テレビでまだしていない話だなんて、そんなおいしいトークを後輩のイベントでしなきゃいけない理由がわからない。

活字になるかと思うとちょっと恥ずかしいけど、ムカついた俺はこう言ってしまう。

「俺は田中より上だから！」

このやりとりでなぜ俺が怒ったのか、ピンとこない読者もいるかもしれない。この仕事の経験がある程度ないとこういう発注がどういうものであるか、伝えることは難しいものではある。なので、どれぐらいムカついたのかだけでもお伝えしておくと、結局、俺はそのＶＴＲ出演を断った。

この手のやりとりに紐づく言葉は、モラルなのだろうか、それともルールなのか？

そのスタッフにムカついたことはもはやどうでもいいんだけど、ルールというものは、道徳やモラルに比べて、それが適用されるグループによる違いもある気がする。

たとえば、「髪を染めちゃいけません」という学校というグループ内の規則が、そのまま社会でも適用されるわけではないからね。

さらに、ルールという概念を法律までひろげて考えてみると、冷血なものでもあり、それでいいと俺は思っている。

加害者の人権をあまりに守りすぎるとの意見もよく耳にするけど、それは血の通った感情論であって、法律そのものは冷血であるべきだ。もし、法律に血が通ってしまったら、この場合はこう、今度のこれはこっちとあやふやになってしまって、もはやルールではなくなってしまうだろう。ルールとは、いったん決めたのなら非情でも守らなければダメなもので、でもその代わりに弁護士や法律家という血の通った人間が解釈や適用を考えることで、バランスが取れるのだと思う。

さて、最後に道徳の話ね。

道徳と言えば学校の授業を思い出すけど、俺たちの頃は「友達は大切に」だとかのゆるい感じの内容だった記憶がある。そういう基本的なことは習ったんだろうし、俺という人間のベースのひとつとしてはあるんだろうけど、道徳の授業に限らず学校の授業ってやつがさほど役立ったという意識が俺にはない。

授業ではなく、問いこそが学びなのだと思うからだ。

問いという意味でなら、道徳というテーマにおける究極のそれは「なぜ人を殺してはいけないのか?」だ。

その問いに対する答えを、いまだに俺は持っていない。

わからない。わかるわけがない。

なぜ人を殺してはいけないのかという問いは、なぜ命が大切かと同義で、なんのために人間が生きているのかという問いでもあるわけでね。そんな難題に明確な答えを出した人なんて人類史上誰も存在していなくて、それを考えるのが哲学であり、文学であり、科学であり、学問すべてだ。人によっては「学校の先生がそれに答えられないなんて情けない」なんて的外れなことを言ったりするけど、学校の先生だってそれを問い続けている人間のひとりなわけで、答えられるわけがない。その答えを見つけるために、偉大な哲学者や、芸術家や、文学者や、数学者も、ニュートンもアインシュタインもみんなそれを考えて、答えを出せずに死んでいった。ギリシャの哲学者であるソクラテスにしても「私は知らないということを知っている」という言葉を残して死んでいる。

なぜ、人を殺してはいけないのか?

これは人類最大の謎のひとつだ。

生きていると、いろいろあるにせよ、少なくとも死より生のほうが重要だと思っている人だったら、他者を殺してはいけないという理屈は通用するだろう。でも、人生なんてどうでもいいやと自己の生に対して否定的に思っている人間に対しては、その理屈が通用しない。だから難しい。そういう人たちは、自分の生を否定するのと同様に、だったら他者の生を奪ってもよしとの理屈になってしまうだろうから。

俺の人生は愚痴ばっかりだけど、それでも生のほうが圧倒的に楽しい。

じゃあ、俺がどうして生きるのが楽しいと感じられるかと言えば、いままでに触れてきた小説や音楽や映画や笑いなどの表現、それらすべてがそう感じさせてくれているからだと思う。チャップリンから始まり、俺が影響を受けてきた全部の表現が、人間って愛おしいだとか、かわいいだとか、愚かだけどそれでも許されるだとか、ひるがえって、それらのすごい作品を人間が作れてしまうのかという驚きや感動も全部ひっくるめて、人生を肯定してくれている。

なぜ、人を殺してはいけないのか？

わからない。だからこそ問い続けるということ。その答えがわかった時点で、人類の進化はそこで終わりでいいぐらいの究極の問いだと思う。

■大衆

大衆は時として、怪物になる怖さがある

「ニュースと真実」のテーマでは、俺たちの言論の自由を奪うものがあるとするのなら、それは世間だと言った。流行というキーワードで考えてみても、本当に怖いのはそれをうみ出す大衆だとも感じてしまう。

つまり、世間や大衆は怪物になる瞬間があるということ。

そんなことを言っている俺だって大衆のひとりであることを痛いほどわかっている。だからこそ、自省も含めて、とても怖さがあるテーマだと思う。

大衆。時として怪物となる得体の知れないもの。

その怖さを実体験として感じたのが、3・11[※]の時の違和感だ。

その話の前に、第二次世界大戦前夜のことを振り返ってみる。俺は戦前の大衆が、どのようなことを考えてどんな行動をしたかに昔から興味があった。

当時のリアルな空気感はわからないから過去の資料から推し量るしかないんだけど、戦前、戦争に向かって、いけいけどんどんなムードを煽ったのは新聞だった。つまり、マスコミということになる。でも、当時もいまもマスコミというものは、読者や視聴者というニーズがあるからそれを扱うわけで、その頃の新聞は売れるからこそ「世界情勢を見るにつけ、このままでは日本は乗り遅れる」みたいな煽り記事を書いたのだろう。ということは、購買者である読者がそれを望んでいたということだ。

そして敗戦。それに続く戦後。今度はどうなったか?

世間は一気に左寄りに揺れていく。いわゆるインテリ層や思想家たちが、「軍部が悪い。A級戦犯が悪い」とし、「最初からこんな戦争は負けると思ってた」などと、なにを威張りたいのかわかんないんだけど、先見の明を唱える始末。まぁ、終わってからならなんとでも言えるわけで、まったくもって先見の明なんかじゃないんだけど、当時の大衆はそういう言論も支持した。

　で、3・11の違和感の話。

　あの時のことを、よくよく思い出してほしい。

「最初から俺は原発反対だった」などと、第二次大戦後にエセ先見の明を振りかざしたやつらと同じような意見が、それはまぁ多かったでしょ？

　ちょっと待ってよと。はたして本当に、原発＝まるっきりの悪だなんて言い切れるのか？　※京都議定書からの流れがあって日本はCO_2排出量が多すぎると言われていた。その元凶のひとつは火力発電だと。だから、原子力発電が有力視されて実際にCO_2排出量削減という意味では貢献もしたはず。大衆も「夢のエネルギー」とその多くが支持していた時期だってある。

　もちろん、3・11のことには、東京電力にも備えの甘さはあった。政府の対応だってまったくもって万全ではなかったし、そこはみんなで今後も追及していけばいいと思う。

でも、俺が言いたいのは、あの震災直後に「原発にはいい面もあった」という意見を口にしたのなら、世間から総スカンを食らったであろう、同調圧力の怖さだ。

その怖さで俺は想像した。第二次世界大戦前にも、こういう世間の空気感がきっとあったのだろうなぁと。だって、戦争前には、名もなき市民ですら「俺は反対だけどなぁ」と心のなかでつぶやいていた人もいたはずだし、アメリカの巨大さに精通する専門家ならばなおさらだったろう。戦後を生きる俺たちからすれば、「なんでその時に反対してくれなかったんだ！」と怒りすら抱くと思うけど、3・11後の反原発ムードを体感した俺は、はたしてものが言える空気だったのだろうかとも感じている。

少なくとも、3・11の時は、とてもじゃないけど言える空気感じゃなかったから。生放送などで暴言を吐きまくって怒られてばかりいる俺ですら、いま話したようなことは、3・11の時には言えなかった。ということは、俺が第二次世界大戦前後に生きていたとしても、「戦争反対」とは言えなかっただろうし、もしかしたら世間のムードに流されて「お国のために！」と喜んで戦地へ向かったのかもしれない。

そんな俺が、戦前から戦後を生きた先人たちを非難することなどできない。

などと言いながら、でも、ひとつだけ言うけどね（笑）。

俺がひとつだけ文句を言いたいのは、戦前から戦後間もなくとかならともかく、なぜ戦後70年以上もの長い時間の間に、その検証をしてこなかったんだということ。

このことに関しては、ジャーナリストの田原総一朗さんにも文句を言ったことがある。ＮＨＫの番組で大宅壮一文庫（二一八頁参照）という雑誌の図書館をとりあげた時だった。

そのゲストとして田原総一朗さんが来てくれたんだけど、本編とは関係ないところで、もうひとりのゲストがいまの政府は拉致問題も、慰安婦問題もなにも解決していないみたいなことを言ったわけ。そしたら田原さんが「新聞が悪い」「マスコミが悪い」って返すわけね。「かつてソ連は夢の国だと言われて行ってみたら自由なんてまったくなかった。日本に帰ってそのことを言おうとしたら、マスコミの左寄りの連中にパージ（追放）される雰囲気で言えなかった」と。だから、「マスコミが悪い。マスコミは全員左寄りだ」なんて続けたんだけど、またかよと。また誰かのせいにして終わりにすんのかって。

だから、俺はこんなことを言ってしまう。

「それはずっと誰かのせいにし続けているあんたたちが悪いんじゃない？　だって、その時代に生きていたのはあなたたちでしょ？　じゃあ、その頃の手つかずのまんまのいまを生きる俺たちは、どうすりゃいいんだよ？」

そのやりとりは本編とあまりに関係なかったから放送されなかったけど、俺は田原さんがソ連のことを当時言えなかったことを責めたいんじゃない。そういう世間のムードや怖さは、3・11の時に俺自身が体感しているからね。そうじゃなくて、戦後というものに立ち向かう時に、誰かのせいにしている限り、もうダメだよってこと。

東京裁判では、戦争の諸悪の根源はA級戦犯だとされた。でも、本当にそうなのか？当時の大衆にはなんら罪はないのか？

誰かのせいにするのはもうやめて、東京裁判で出た結果もいったん置いて、「戦争は悪である」という当たり前の前提すら棚にあげて、戦前の日本を検証してみるということ。そういうフラットな検証が俺にはとても大切なことに思える。

俺は田原さんのことが嫌いなわけじゃない。昔から喧嘩好きというか、討論好きというか、おもしろい存在だとは思うけど、俺には本音がみえない。もしかしたら、なにかを解決しようという自分なりの意見なんてなくて、生粋の討論好きなのかもしれない。

だから、ここからは俺の意見ね。

おそらく戦前の日本人は「国を守りたい」「家族を守りたい」という善意から戦争に参加したのだと想像する。それが反転して、東京裁判の結果なども踏まえて「あの戦争は悪だった」とひとまとめにしてしまうのは、あまりにも乱暴なことだと俺は思う。

では、どんな検証が必要なのか?

たとえば、第二次大戦での学徒兵の遺書を集めた『きけ わだつみのこえ』にしても、GHQの検閲が入っているから、インテリ層の反戦的な内容ばかりが掲載されている。そのチェックして省かれた部分にこそ、俺は興味がある。おそらく、そこには美しい愛国心があったのだと思う。でも、その愛国心を安倍総理のようにやたらとありがたがるのではなく、愛国心自体はいいものだけれど、時に暴走をするのだという検証。

左に振り切って「戦前の日本の軍人はけしからん」とするのも極端だし、あるいは右に振れて「戦前の日本を取り戻す」というのも極論すぎる。誰かのせいにするのではなく、そういうフラットな検証が必要なのだと思う。

ところが、このフラットってやつが、この国ではとてつもなく難しい。

そのことについては、右からも左からも叩かれたり炎上したりする俺は身をもって経験してきているんだけど、もうそろそろ「平和主義のナショナリスト」が登場してもいいのになぁと思う。具体的に言うのなら、憲法九条や戦争放棄に賛同するナショナリストだ。

まぁ、実際にそんな人物が現れるかどうかは別にして、たぶん、その人は大衆や周囲の人から理解されづらいのかもしれない。右、左、右寄り、左寄り、原発支持派、反原発派と、大衆は「どのグループに属しているか?」というわかりやすさを好むからだ。

もしも平和主義のナショナリストが現れて、自分の考えが周囲から受け入れられないと感じたなら、無理して語らなくてもいいと思う。

そもそも、大衆が怪物になる瞬間というのは、同調圧力から派生する「みんなでひとつ」といった、よくわからない共同意識が形成されるからだろう。ということは、個々の顔なんて見えない、ひとつのグループができるということだと思うんだけど、それでも人間は群れなきゃ生きていけないわけでね。ひとりじゃ孤独だし、「お前もそう思うだろ?」という確認なしに、人と人は生きていけない。

でも、そのグループの共同意識によって、矛盾や本末転倒な出来事が起きたりもするはずだ。その時に、周囲からねじふせられるのが怖かったら、無理に表現などせずに、でも、自分のなかでは「俺は違うと思う。なぜなら……」と検証するだけでもいい。それだけで、本当にやばい状況の時に、思考停止で流されることがなくなるはずだから。

坂本龍馬がそうだった。

龍馬が生きたのは、倒幕か鎖国かの二元論が世論を支配していた時代。彼は「倒幕して開国せよ」という当時としては矛盾でしかない自説を持っていた。つまり、「倒幕するなら尊王攘夷でしょ?」「開国するなら幕府側でしょ?」というふたつの考え方しかなかった時代に「大政奉還で幕府から朝廷へトップを移しましょう。そのうえで国を開いて外国と商売しましょう」という意見が理解されるはずもない。

だから龍馬は最後の最後まで、自分が本当に事を成せると思う瞬間まで、その自説を口にしなかったという。言ったらどちらかに殺されると肌で感じていたのだと思う。

ここで不思議なのが、龍馬が大好きな俺は、そんな彼の生き方を知ってるのに、それでもついつい言っちゃうっていうね（笑）。原発のことにしてもそう。さっきの話でやめときゃいいのに、どうしてもいま感じている違和感を口にしたくなる。

そもそも、なぜ俺は言ってしまうのか？

このことについては、昔から悩んでいるし、いまもブレブレだなぁと思う。

わたくし性を排除した物語を作ることに憧れているくせに、『太田総理』のようにストレートに自分の考えを口にしてしまう芸のなさ。そんな芸のなさに落ち込むくせに、俺のいっちょかみ根性というのか、もの申したいという気質は簡単には治らない。

というわけで、俺は言ってしまう。

たとえば、反原発派のこんな言い分について。

とにかく、原発をいますぐ停めろと言う人がいる。

原子力発電所というものは、停まっていればいいってもんじゃない。電力を発電する時だけにリスクがあるわけじゃなくて、停止状態でも冷却を続けなければ事故の可能性はある。実際に3・11の時はこの冷却システムの電源が全部やられてしまったのが、爆発につながっている。つまり、原発が稼働しているかどうかよりも、冷却できるかどうかが重要なのに、一部の人たちは「原発即時稼働停止」と叫び続けている。そりゃあ、停止するのは別に構わないけど、じゃあ、使用済み核燃料はどうするのか？そんな危険なものをどこかの県が引き取ってくれるのか？　原発をいますぐ停めろと言う人たちはそこまで考えているのだろうか？

もっと言えば、もしも3・11の津波で事故が起きなかったとしたら、それでもその人たちは同じことを言っていたのだろうか？　あの震災でも原発が安全だったのだとしても「原発反対」と叫ぶ、「個」が見える人たちの心情は理解できる。でも、おそらく多くの大衆は、とにかく原発をなかったことにしたいのではないか？　ある種のパニックに近い状態で「原発即時稼働停止」と叫んでいるだけだとするなら、それって思考停止になってしまっているだけではないのか？

俺は原発の是非を問いたいのではない。

大衆は時として怪物になる怖さがあるということ。

「個」が見えなくなり、まわりと同調しているだけの思考停止状態の大衆は本当に怖い。

そんな俺は、古い言葉で言えば「大衆芸能」と呼ばれる職業に就いている。

だから、大衆をバカだとか、敵だとかなんて、一度も思ったことがない。だって、そういう大衆に笑ってもらえることがいちばんうれしいのだから。

田原さんに文句を言った場所は、大宅壮一文庫だった。

ここは、日本初の雑誌の図書館と呼ばれているんだけど、国会図書館にはない魅力があった。教科書や専門書には偉人や知識人が登場するけど、雑誌にはその時々で大衆がなにを考えてどんなものが流行《はや》ったのかが掲載されている。そういうものこそ大切だと、この施設の名称として残っているジャーナリストの大宅壮一さんは考えたそうだ。

大宅壮一は、こんな言葉を残している。

「現代の社会生活の上で、合間合間に読まれる雑文や〝軽評論〟の類《たぐい》は、図書館や書斎でホコリを浴びている古典や学者の大論文よりも、はるかに大きな役割をしめているのだ」

大切なテーマを論じる時に、一部のインテリだけに任せるとロクなことがないという意味で、その通りだと思う。一方で、図書館や書斎でホコリを浴びている書物もまた重要であるとも付け加えたい。その思いは、「ニュースと真実」のところでも話したけど、俺は事実よりも真実を描くことに興味があるわけで、図書館や書斎でホコリを浴びている書物もまた大切なヒントとなるからだ。

大衆。時として怪物となる得体の知れないもの。

だから俺は、あくまでも大衆のひとりとして、憲法九条をはじめとする違和感を安倍総理にぶつけて、とことんやりあいたい。なんてことをずっと言い続けてるのに、なかなか実現しないけど、それでも俺はどうにかして実現したいと思っている。

※ **3・11**

東日本大震災。2011年3月11日に発生した東北地方太平洋沖地震。この地震による津波により、福島第一原子力発電所でメルトダウンが発生。大津波、地震、火災による死者は1万5,899人（2020年3月現在）、いまだに行方のわからない方が2,529人いる。

※ **京都議定書**

1997年に京都で開催された温暖化に対する国際的な取り組みのための国際条約。世界で初めて、温室効果ガスの排出量を国別に管理し、削減する仕組みを作ることを促した。日本は、1990年比で2008年～12年で6％の温室効果ガスの排出量削減を義務づけられた。

■憲法九条

日本の常識は世界の非常識って、それのどこがダメなんだよ

なぜ、人々は右翼と左翼にわけたがるのだろう。

これは、『憲法九条を世界遺産に』という書籍を中沢新一さんと出した時に感じた違和感だった。もちろん、誰かとコミュニケーションを取るうえで、ある種のカテゴライズはかなり役に立つ。たとえば話す相手が日本人なのかアメリカ人なのかで話す内容が変わるだろうし、もしアメリカ人だとするとわりとズバズバとものを言うんだろうなと想像できる。コミュニケーションにおける最初のマーキングとして、カテゴ

ライズやジャンル分けは大切だし、役に立つ。

ただし問題なのは、そのカテゴライズやジャンルにしばられてしまうことが往々にしてあるということ。

もし、右翼だからこう言わなきゃいけない、左翼だからそこは反対しなきゃいけないということが憲法九条の問題にも左右しているとするのなら、本末転倒だ。しかも、その本末転倒はどのジャンルにも存在していて、俺の場合なら「漫才師のくせに政治の番組をやりやがって」となる。そういったある種のしばりがうまれてしまうと、なにかと動きづらくなるし、どうにも邪魔なものになってしまう。

憲法九条で言えば、俺の考え方は、中沢さんと本を出した時から基本的に変わっていない。いわゆる改憲派の人たちが口にする「アメリカの押し付けだ」とか「時勢にそぐわない」とかの意見はもちろん理解できる。でも、俺がなぜ憲法九条を世界遺産にとまで言うかといえば、その存在をおもしろく感じているからだ。

日本国憲法を作った時点で、そもそもが異常な状態だったわけでしょ?

終戦直後。焼け野原の日本。そこにやってくる占領軍という名のアメリカ。その時、日本人は戦争は二度と嫌だと思っていた。空襲も嫌だし、原爆も嫌だし、戦争なんてうんざりだった。一方のアメリカはまったくそんなことは感じていない。本土を攻撃されていないから空襲の恐怖も知らないし、なによりも勝者なのだから。

でも、そんなアメリカは勝者だからこそ、自分たちの国では実現できない、ある種の理想を憲法九条に込めることができた。二度と脅威にならないような、武器を持たない平和だけを追い求める理想の国を日本で実現しようというね。しかも、時が味方をする。アメリカがそう願ったタイミングが、「戦争はもう二度と嫌だ」と日本人が痛烈に感じていた時期と重ならなければ、憲法九条は成立しなかったはずだ。実際に、朝鮮戦争が始まると、警察予備隊、のちに自衛隊ができて、憲法九条の理念からは矛盾していく。

その後、日本人はずっとごまかして生きてきた。それは戦後75年がすぎてもそうで、なにかあると憲法九条に右往左往している日本人は滑稽でもあるんだけど、あの憲法があるおかげで戦争のことについてずっと考えさせられているとも言える。俺は、そこが憲法九条のおもしろさだと思う。

そんな流れで、憲法を変えようと登場したのが安倍総理だった。

俺は、当初から安倍さんの存在をおもしろいと感じていた。極論を言えばだけど、自衛隊をなくしてしまうという俺の考え方と、自衛隊ではなく軍隊にしましょうという説で、真っ向からぶつかるのは、とても意味のあることだし、専門家だけじゃなく、一般の人々も参加して徹底的に考えたり話し合えたらと思っていた。

この「専門家だけじゃなく」というのが、憲法九条を考える時にはとても大切だと思う。いわゆるインテリ層だけでは、こういう大切な事柄ではとりこぼすものが絶対にある。

たとえば、3・11の頃でもそうで、インテリ層の学者は放射能が人間に及ぼす毒性に言及して、なかには「福島はもう終わりだ」とまで言うやつもいた。なぜ、放射能の毒性数値には敏感なのに、自分のその言葉の毒性には鈍感でいられるのか？　もちろん、人間の感情は数値化できない。でも、そこで暮らす人々がその言葉を聞いた時に、どれほど恐れ、なにかを狂わすかもしれないことをなぜ想像できないのだろう？違和感と言うのなら、これほどの違和感もない。

だからこそ、安倍さんの登場は、日本人みんなで憲法九条を考えるきっかけになるんじゃないかと期待したんだけど、我々の総理は、どこまで改憲をすすめるのだろう？ 2017年に提言したのは、1項と2項はそのままに自衛隊の存在だけを明記するというもの。おそらく安倍さんは、集団的自衛権が成立したことで、よしとしているんじゃないかなぁ。例の駆けつけ警護というやつで、自衛隊を派遣できるわけだからね。でもそれじゃぁ、いままでのごまかしてきた日本のやり方と一緒じゃんと俺は思うけど、今後も日本人みんなで憲法九条を考えていくことが大切だ。

グローバルスタンダードという言葉がある。

憲法九条にまつわる議論でも時折耳にする言葉だけど、あの考え方にもかなり違和感がある。簡単に言ってしまえば、日本の常識は世界の非常識ってことだと思うけど、それのどこがダメなんだよって。

実は日本人というのは、かなりの変わり者だ。まず、強迫観念と呼んでいいほどにふつうであろうとする。個性を隠したがる。これは、いじめの問題にも通じるけど、要は目立つからいじめられると。だから目立たずいじめられないようにする。でも、その前提自体がひとかわ剝けば全員がいじめられる可能性があるということでしょ？　これがアメリカ人だったら「ふつうでぃよう」「目立たず生きよう」なんて、考えもしないはず。そういった考え方ひとつとってても日本人はかなりの変わり者だし、アメリカが好きな価値観で言うのなら、かなり個性的な存在なのだと思う。

そんな個性的な日本は、戦争でも世界に類をみない特別な経験をした。

原爆を2度も落とされて、こてんぱんに打ちのめされる。同じ敗戦国のドイツにしても、アウシュビッツなどの悲惨な経験や国が分断されたりもしたけど、日本のあの負け方はやはり世界でも類をみないほどにひどい。しかも、無条件降伏後の東京裁判で戦争犯罪人の多くが死刑になって、以後も「お前たちはダメだ。間違っていた」と、いまだに言われ続けている。それでも、したたかにもう一度やりなおしてここまで繁栄できたというのは、アメリカの後ろ盾があったにせよ、不思議な国であるのは間違いない。ヨーロッパと違って隣国と地形学的に接していないといった条件もあるんだろうけど、せっかくそんな不思議な国で、変わり者の人間たちが生きているんだから、とことん世界から見れば変わったことをやったほうがおもしろいと俺は思っている。

でも、それが少数派の意見であることは自覚している。

田中も含めてだけど、俺のまわりの仲間たちにも子供ができた。そうすると、こんな俺でも日本の未来を背負っているんだなと彼らを見ていて思うわけね。俺は子供がいないから自分の世代で終わりなわけで、自分が死ぬ分にはどうなってもいいけど、多くの人はそうはいかない。だから、自分の意見をみんなに押しつけようとはまったく思っていないし、もし憲法改正の国民投票が行われて、その結果が改正、改憲、あるいは加憲になったとしても別に文句はなくてそれに従うだろう。ただ、ひとつだけ強く願うのは、はっきりさせてほしいということだ。

さて、個性的でおもしろい日本人と言えば、川内康範※という人がいる。知らない人も多いかもしれないけど、森進一との「おふくろさん騒動」※の時に、自分が作詞した『おふくろさん』という曲を今後歌うなと言って森さんに怒っていた人ね（笑）。

この人は、わかりやすくカテゴライズすると右翼だったんだけど、徒党を組むのが嫌いで自分がおかしいと感じることがあると自民党本部にひとりで乗り込むような人だった。

そんな川内さんの代表作は、『月光仮面』という当時の子供向けヒーロー番組だ。戦後の子供たちを元気づけたいと月光仮面をうむんだけど、その背景にある川内さんの哲学が興味深い。アメリカのスーパーマンは宇宙人で、人間を超えた存在であると。だけど月光仮面は、人間がマスクをしてメガネをかけて変装して、オートバイに乗ってピストルで撃つ。超人ではなく、人間がヒーローであるべきだと考えたわけね。

なぜか？　川内康範はスーパーマンが「正義」そのものを標榜するのに対して、月光仮面は「正義の味方」であるとした。つまり、正義なんてものは、その時々によって変わってしまう。そのことを日本人は戦争を通じて嫌というほど体験していた。ならば、ヒーロー自身が正義そのものとするのは危うい。戦争に負けたこの国の子供たちに共感してほしいのは「正義の味方」という立場を貫くヒーローであるとして月光仮面を世に送り出した。

川内さんには、ほかにも魅力的なエピソードがあって、あの御巣鷹山よりもずいぶん前に飛行機が墜落してしまう事故があったんだけど、すぐに現場へ駆けつけて、遺体にすがりつく遺族を見つめている。その時にできた歌が『骨まで愛して』という当時のヒットソング。遺族が遺体にすがりつく様を目の前で見て、愛しているとはこういうことかと感銘して作った曲だそうだ。
※グリコ・森永事件という、世間を騒がせた薬物混入事件の時も川内さんは動く。子供たちが食べるオヤツに毒を入れることだけはやめてくれとマスコミで犯人に呼びかけるのだ。かい人21面相と名乗る犯人に「金なら俺が払うから、もうやめてくれ」と私財を投げ打とうとした。
そんな川内さんが、憲法九条に関しては、こんな言葉を残している。

政界にも顔が利く人だったから、時の政治家たちに憲法九条だけはいじるなと。もしアメリカが憲法九条に対してなにか言ってきたのなら「お前らが作ったものをなぜお前らが変えろと言ってくるんだ？」とやり返せと。その言葉をはじめて知った時は、すっと腑に落ちる感覚があった。実は、川内康範という人物は、兵役があまりにもつらくて逃げ出した過去があったらしい。そのことをずっと申し訳ないと感じていて、私財を投じて、フィリピンなどの南方で亡くなった方の遺骨収集の活動もしていたから、憲法九条に対する思いは、特別なものがあったのだろう。

今後、日本と憲法九条の関係は、どうなっていくのだろう。

憲法九条のことで難しいと思うのは、護憲派であろうが改憲派であろうが、九条の先に願う「平和」という言葉が、ひどくぼんやりとしているということ。

たとえば、戦争という言葉から人類が想像するものは、ほぼ統一したイメージだろう。でも、平和という言葉からイメージする像は、それこそ千差万別なはずでね。平和だから幸福かといえばそうでもないし、じゃあ幸福とはなんぞやと考えるともっと個人的な言葉になっていく。極端な話、戦争状態にある国の子供たちのほうが平和な国で生きているよりも幸福を感じている可能性だってあるかもしれないし、恋愛で三角関係があったとしたら、誰かの幸福はもうひとりの不幸になる。つまり、人の数だけ幸福の種類がありえるわけで、それを統一したい、圧倒的な善で平和にするというのはもしできたらすごいことだけど、おそらく人間にはそんなことはできやしない。つまり、人類全員が望む平和を実現することは、とてつもなく難しい。

それでも、戦争と平和について、これからも人間は考え続けると思う。答えなんて出ないと、なかばわかっているはずなのに、それでも考えるということ。哲学者も誰も彼も、生まれた時から「なぜ自分は生まれてきたのか？」を問い続けてきたように、戦争と平和についても、考え続けるのだろう。

※川内康範（かわうちこうはん）
1920年北海道函館生まれ。作詞家、脚本家、政治評論家、作家。1958年に原作と脚本を手がけたテレビドラマ『月光仮面』は有名で、他に『レインボーマン』『ダイヤモンド・アイ』など、日本の特撮ヒーローの草創期に活躍した。作詞活動では、『誰よりも君を愛す』『君こそわが命』『骨まで愛して』『おふくろさん』『伊勢佐木町ブルース』など数多くのヒット作を世に送り出した。2008年没。

※おふくろさん騒動
2006年12月31日『第57回NHK紅白歌合戦』で、森進一が歌った『おふくろさん』にオリジナルにはない台詞が無許可で足されているとして、作詞した川内康範氏が、2007年2月に著作権侵害を訴えた騒動。その後の対応で、長い付き合いのあった川内康範氏と森進一氏の関係が決裂。その後、森進一は『おふくろさん』を封印したが、2008年11月、今後はオリジナル作品を歌唱することを条件に、再び歌うことが承諾された。

※グリコ・森永事件
1984年3月、江崎グリコ社長を誘拐、身代金を要求した事件を皮切りに、森永製菓、丸大食品、ハウス食品等、大手食品会社を標的にした企業脅迫事件。犯人は「かい人21面相」を名乗り、週刊誌などの報道機関に挑戦状を送りつけ、スーパーなどに毒入り菓子をばらまくなどし、劇場型犯罪と名付けられた。2000年2月13日にすべての事件の時効が成立。警察庁広域重要指定事件では初の未解決事件となった。

■テロと戦争

単なる悪の国っていうのは、存在しないんじゃないか？

本書の読者が、映画や小説といった物語を観たり読んだりするのが好きだとしての話だ。

好きが高じて自分でも物語を紡いでみようと思ったとする。その時、映画のシナリオや小説という物語のなかで、主人公を引き立てるためだけの悪人を登場させるだろうか？　おそらく、そんな物語なら世間に発表しないほうがいい。理由は簡単で、きっとつまらないから。世界的な名作はもちろんのこと、エンターテインメント性を重視した娯楽作でも、おもしろい作品には、単なる悪人というやつが登場しない。

テロと戦争。このテーマで思うことは、そのことに尽きる。単なる悪人も存在しないし、単なる悪の国も存在しない。中東の紛争も、北朝鮮の脅威も、一方的にそちら側だけが悪だと決めつける「おもしろくない物語を紡ぐ」想像力を持つことが俺にはできない。もちろん、現実のテロや戦争はリアルに血が流れているわけで、フィクションとしての物語とは違うんだけど、スクリーンや白いページに描かれていなくても、市井の人々にだってその人たちなりに物語が存在するのもまた事実だ。

テロを卑劣な行為だと言う人がいる。

たしかに、卑劣ではあるだろう。では、9・11※ではじめて本土を攻撃されたアメリカの報復行為は、卑劣ではないのだろうか？　イスラム国※（ＩＳ）が占領した中東のあの地域がいまどうなっているかと言えば、全部が廃墟だ。その瓦礫の下には民間人の死体が埋まっているわけで、なかには幼い子供もいたはず。卑劣という言葉だけで判断するなら卑劣だし、そもそも戦争という行為自体が卑劣なもの。

そして、9・11のワールドトレードセンター跡地をグランドゼロと呼んでしまうあの傲慢さ。広島や長崎への原爆投下や、湾岸戦争やイラク戦争の時の劣化ウラン弾の使用。アメリカが世界をグランドゼロ化したことなんて相当数あるはずなのに、自分がやられた途端にそう自称してしまう横暴さ。

でも、アメリカとはそういう国なのだと思う。第二次世界大戦で戦勝国になって以来、あの国なりの正義が世界中でまかり通ってきた。そして、民主化の名の下に、日本をはじめとする世界の多くが影響を受けていく。

ただ、第二次大戦の戦後といまとでは戦争の形が変わってきていて、いわゆるテロとの戦いというものに変化しているのだと思う。もはや、国対国の争いではなく、アルカイダやＩＳとの戦いとなると、アメリカという国対個人戦の意味合いに近い戦争なわけで、ＩＳを根絶やしにすることが瞬間的にはできたとしても、いまこの時にも別の憎しみがうまれてしまう。その憎しみを糧に育った子供たちが次のテロリストとなるのだから終わりがない。負の連鎖ってやつにはきりがない。

こんなことを言うと、太田光は反米だとくる人がいる。

でもね、そんなことはまったくなくて、俺はアメリカから影響を受けまくっているし、むしろ親米家だと言ってもらいたいぐらいだから（笑）。チャップリン作品だってハリウッド映画として作られたし、小説家のジョン・アーヴィングやサリンジャーもアメリカ人。音楽だってトム・ウェイツやビリー・ホリデーといったアメリカのものが俺は大好きだからね。

考えてみると、俺が影響を受けたり、すごいなぁと思うのは「とにかく楽しませよう」というアメリカ人のサービス精神だ。それはスポーツの世界でもそうで、アメリカンフットボールなんて、世界のアスリートのなかでも頂点にいる人たちが集まって繰り広げられるんだからおもしろくないわけがない。しなやかでスピーディな選手の動きとスリリングな試合展開を観戦する度に「そもそも、よくぞこんなスポーツを作ったよなぁ」と感心させられる。

さて、そんなアメリカで言えば、9・11の時の俺はちょっとした予言者だった。

ワールドトレードセンターの第一報は、事故かもしれないとの憶測もあったでしょ？　でも、俺はオサマ・ビン・ラディンの犯行だとその場にいたやつらに告げていた。中東情勢をめぐる読み物には、当時からビン・ラディンの名前が頻出していて、いかにアメリカがこの男を恐れていたかが綴られていたからだ。

さらにアメリカが誇る一大エンターテインメントにもその実名が登場していたことが、その時の直感につながっている。ジョディ・フォスターが主演して話題になった『羊たちの沈黙』の続編である『ハンニバル』という映画を観ていたら、劇中にビン・ラディンが登場していた。その2作のもうひとりの主人公がハンニバル・レクターという稀代の知能犯なんだけど、ＦＢＩの指名手配にもレクターの名前と写真が載っていた。そのリストのうちのひとりとしてビン・ラディンが写真付きで出てたってわけ。演出として、リアリティを出すためだったのだと思う。

中東関連の書物や記事を読んでいたのと、その映画をたまたま観ていたというのもあって、俺はあの事件をビン・ラディンの犯行だと直感するんだけど、当時のまわりの反応は「ビン・ラディンって誰ですか？」だった。ところが続報が出るにつれて、俺の直感が間違っていなかったのがうれしかった。

うれしかったなどと言うと怒る人がいそうだけど、思っちゃったものはしょうがない。「好き嫌い」のテーマでも話したけど、「うれしい」と便宜上ひとつの言葉に集約しているだけで、あの事件で亡くなった人を悼む気持ちがなかったはずもない。

さて、アメリカの話ね。

今度は、「太田はタカ派だ」などとくくられそうだけど、俺のひとつの極論は、もしもアメリカの価値観において世界がまとまるのなら、いっそのことそっちが先でいいやと思っている。暴論かもしれないけれど、俺は政治家ではないし、政治評論家でもないので、とりあえず好き勝手言わしてもらうと、そういう物語の結び方も想像してしまう。

もうひとつの暴論は、軍事力の完全なる放棄だ。

元防衛大臣の石破茂さんは、核武装論に近いことを唱えている。いわく、北朝鮮の脅威に対抗するためには、抑止力が必要だとも。これは「憲法九条」のテーマで話したこととも重なるけど、もし、日本の憲法が変わって、自衛隊が軍隊みたいになるのなら、核を持つことには賛成だ。石破さんや石破さんの意見に近い人が、日本の真の意味での独立といった趣旨でそう言っていて、国民がそれに追従して憲法が改正されたのなら、逆らわずに従うから。でもね、どうせそうするのなら、アメリカ軍以上の力を持たなければ意味がないはず。世界最強レベルの軍事力を持てるのなら、それはそれでいいと思う。

核保有による抑止力という外交カードを切ろうとしているのが、まさに北朝鮮だ。北朝鮮の理屈は、あっちの抑止力を認めて、こっちの抑止力を認めないのはおかしいでしょってだけの話で、理屈としてはその通りではある。だったら、日本が軍備化を推し進めるのなら、核を含む世界最強レベルの軍事力を持たなければ筋が通らない。

でも、俺の一番の考えは、軍事力の完全なる放棄。わかりやすく言えば、もし戦争が起きたら丸腰になってみんなで一緒に死にましょうよということ。むちゃくちゃなことを言ってるのは自分でもわかっている。子供がいないから未来を考えないで済む無責任な意見だと言われればそれはそうだろうなぁとも思う。でも、俺が考える核の抑止力に一番有効な手段は、これしかない。自分たちが完全に武力放棄をしているんだから、相手の「抑止力のために核を持つ」という理屈はまったく通用しないわけで、実は、軍事力の放棄が一番の抑止力だと俺は考えている。

石破さんは、アメリカの傘の下にいる限り、アメリカ人だけに血を流させるのは本当の意味での日米同盟ではないと言う。

以前、テレビ番組でやりあった時もそうだったし、いまもおそらくそうだろう。俺は、なにを言ってんだよって思いつつ、石破さんという人は義理堅くて純粋だなぁとも感じていた。ただね、馬鹿正直すぎる。その同盟とやらの相手国は、本音と建前を使い分けられるダブルスタンダードの国、アメリカなのだから。しかも、日本が自衛隊をPKO※で派遣した南スーダンなんて、アメリカは危険だとの理由で軍を派遣していない地域なわけでしょ？　そんなところに自衛隊を送る必要なんてまったくなかったと思う。

以前、石破さんと番組でやりあった時の俺の言い分は、「日米同盟なんて解消しちゃえばいいじゃん」だった。貿易などビジネスとしての交流は続けるにしても、軍事同盟みたいなことは一切やめにして、「日本は今後一切戦いません」と開き直ればいいじゃんと。石破さんとはまったく真逆の意見なわけで、番組は盛り上がったかもしれないけど、意見が噛み合うことはなかった。

じゃあ、石破さんが危険視する北朝鮮というのは、世間の多くの人が言うようにただの狂気の国なのだろうか？　金正恩という人物は権力に酔った痴《し》れ者なのだろうか？

俺は、金正恩が独裁者としての体制を維持するためにだとか、ただ単に自分の贅沢をするためだけに核保有というカードを切っているとは思えない。もっと思想的で精神的なものを金正恩の言動から感じ取っている。

おそらく、あの3代目は純粋なのではないか。おじいちゃんの代から続く金家の物語を守ろうとしているだけではないか。

実際、彼がトップに立った時には、北朝鮮の体制が崩壊するとの見方もあったけど、核実験やその後のミサイル発射などで、国威発揚という意味では成功しているとも言えるわけで、少なくとも痴れ者ではないはず。だからといって金正恩に対してシンパシーは一切感じないけど、したたかで純粋な人物、それが俺の感じる金正恩という独裁者だ。だから、偶然に起きてしまう可能性を除けば、そんなしたたかな人物がいきなり戦争を始めるという可能性は、かなり低いと思う。

石破さんしかり、金正恩しかり。もっと言えば、俺にもたしかにあるであろう「純粋さ」というもの。実はこの純粋さってやつは厄介だなぁといつの頃からか考え続けている。

この問いは、三島由紀夫の割腹自殺への違和感とも連なっているんだけど、純粋さはまわりの人を傷つける。

もしかしたら、三島本人は自殺して死ぬ時に気持ちよかったかもしれないけど、あの時に彼のまわりにいた人には、どれだけ迷惑がかかったのかって話でしょ？　それは自分のことでもそうで、「自衛隊を解体して丸腰になればいいじゃん」という理屈は、俺は言いたいことが言えて気持ちいいかもしれないけど、「冗談じゃないよ！」という人はいっぱいいるわけでね。実務レベルでも、クレームは事務所に届くことになるから、それが脅しめいたものだったら一番怖い思いをするのは、その電話をとったふつうの女の子たちだから。彼女たちからしてみれば、とんだとばっちりじゃない？そういう意味で、純粋さというのはまわりの人を傷つけるし、厄介なしろものだ。

さて、中東の自爆テロについて思いを馳せてみる。

まず、中東のことについては、自分なりにさまざまな書物を読んではいるけど、かなり難解でわからないことがたくさんある。たとえば、オサマ・ビン・ラディンという人物の最初の理想は、イスラム教徒におけるシーア派とスンニ派の対立をなくしてひとつにまとめようというものだったのではないか。だとするなら、それがどうしてあのような事件へとつながっていったのか。いま世界中の研究者がそれについて探っているはずで、その成果を待とうと思っているけど、ひとつ言えるのは、ビン・ラディンひとりにすべての責任を負わせると、この物語は迷路に入ってしまうということ。イスラエル建国前後から第4次まで続く中東戦争、イラン革命があって、その流れの先に9・11はあるはずだから。

いまを生きる日本人は、中東の自爆テロが理解できないと言う。卑劣だと言う人もいる。俺だってわからないことだらけなわけで理解なんてできやしないけど、あるひとつの想像をすることはできる。

それは、中東の人々の戦争観は欧米のそれとは異なるのではないかということ。

歴史をさかのぼって現在までの戦争で、「国を守る」「国のために死にます」と正直に戦争をしたのは日本人だけではないかと俺は思っている。死して虜囚《りょしゅう》の辱めを受けずという思考で、むざむざ生き残るよりも美しく死ぬという美学。ところが当時の対戦国であるアメリカは、捕虜になっても絶対に死ぬなという戦略があったそうだ。対戦国からすれば、捕虜にも食料を与え続けなければいけないわけで、「お前が生き残ることが、ゆるやかかもしれないが相手にダメージを与えられるのだ」という戦略だという。その話を聞いた時に、俺は戦い方としてはそちらのほうが強いし、それってゲームじゃんと感じた。逆に言えば、かつての日本人はゲームとして人なんて殺せなかったのだと思うし、もしかしたら、中東の人もそうなのかもしれないと想像する。

神風特攻隊と自爆テロは別モノだと言う人がいる。俺にはそれが違っているのか、同じかだなんてわからない。

ただ、2015年のフランスで起きた風刺画事件※（シャルリー・エブド襲撃事件）の時には思うところがあった。『シャルリー・エブド』という風刺週刊誌を発行している会社は、その事件前にもムハンマドを絵に描いていたわけで、偶像崇拝を禁止しているイスラム教徒にとって、あれほど傷つくことはなかっただろうなぁと思う。テロの是非ではなく、その心情を慮《おもんぱか》っての話ね。そして、そのことについては、日本人のほうが想像しやすいのではないかと俺は思っている。仏教は別にして、神道というのは偶像崇拝ではないのだから。

なんでもかんでも言語化したり絵画にしたりする欧米の感覚と、「言挙《ことあ》げせず」と言ってあえて言葉にしないことを尊ぶ神道の国、日本の感覚。もちろん、同じ日本人でも神道に興味がなかったり、「言挙げってなに？」という人も多いだろう。でも、八百万《やおよろず》の神がいて、「そんなことをするとバチが当たるよ」というおばあちゃんの言葉に畏怖の念を抱ける日本人は、そのルーツが西洋の感覚とはちょっと違うんじゃないか。つまり、テロ行為といった出来事の是非ではなく、中東の人々のことやイスラム教徒への想像力は、欧米人よりも日本人のほうが想像しやすいんじゃないかということ。

もっと言えば、天皇の存在。

東日本大震災が起きた時に、当時の天皇陛下は、カメラ目線でテレビで国民にメッセージを送っている。放射能の危険性があるにもかかわらず、まっ先に被災地に向かったあの人と目があった時、こんなことを言うとまた怒られそうだけど「只者じゃない」

という、ある種の畏怖の念を俺は抱いていた。その時、「なぜ俺は、右翼でもないのに天皇を敬う気持ちがあるのだろう？」と素朴な疑問も持ったのだけれど、この感覚は、俺だけが抱いた特別なものなのだろうか？　おそらく、多くの日本人が、多寡の差はあれ、感じた気持ちなのだと思う。

この国で暮らす主人公は、日本人だ。主人公である日本人を引き立てるためだけの悪役は、良質の物語ならば必要ない。でも、現実社会では、やっぱり必要なのだろうか？　ぐるぐるとまわるその問いに対する答えを俺はいまだに持てないでいる。

そもそも本書の読者の多くは物語を描きたい人ではなく、映画や小説を楽しみにしている観客や読者だ。俺がしてしまうように、簡単に悪者を登場させたくないだなんて想像する必要なんてないし、北朝鮮のことや中東の人々に思いを馳せる義務もない。

でも俺は、日本や日本人にしかできないイマジネーションがあるんじゃないかとどうしても考えてしまう。俺ごときがなにをほざくのだと己の無力さは自覚しているのだけれど、思っちゃったものはしょうがない。

※ 9・11

2001年9月11日、アメリカ合衆国で、イスラム過激派テロ組織アルカーイダによって引き起こされた4つの同時テロ攻撃。2機の旅客機が世界貿易センタービルに突っ込み、ビルが崩れ落ちる姿は、世界に衝撃を与えた。死者数2,996人、負傷者は6,000人以上。この事件を契機に、国際テロ組織が世界的に認識されるようになった。

※ イスラム国（IS）

イラクとシリアにまたがる地域で活動するイスラーム過激派組織。イスラム国（Islamic State）と自称している。一時、支配地域の広さは日本本土に近い約30万平方キロメールまで拡大したが、いまはかなり縮小している。2015年1月、後藤健二さん、湯川遥菜さんが殺害された事件は、日本人に衝撃を与えた。

※ PKOで派遣した南スーダン

2011年8月、民主党の菅直人首相が派遣を表明し、野田佳彦首相が決定。2012年1月から2017年5月まで、南スーダン共和国へ自衛隊が派遣された。当時、世界のPKO派遣国のなかでも、危険度の高い国のひとつが南スーダンであった。

※ シャルリー・エブド襲撃事件

2015年1月7日、フランス・パリ11区にある週刊風刺新聞『シャルリー・エブド』の本社に、イスラム過激派のテロリストが乱入。編集長、風刺漫画家、コラムニスト、警察官ら12人を殺害した事件。この事件によりテロリズムに抗議し、表現の自由を訴えるデモが世界各地で起こる。その後、報道・表現の自由をめぐる白熱した議論へと発展した。

■死生観

終わり方のかっこよさを教えてくれたのは、母親だった

死生観というほど大げさなものじゃないけど、俺は死ぬのが怖くない。

そりゃあ、痛いだのなんだのっていう死に方は嫌だし、いま書きかけの小説が未完のまま人生が終わるのも嫌だ。でも、たとえば震災以降にわりと耳にするようになった「どうせ人間は死ぬのだから、いまを一生懸命生きよう」みたいな思考が俺にはない。「死ぬまでにしたい100のこと」みたいなものもとくにない。やりたいことなんて、芸人になった頃からいまもこの先もずっと同じでね。好きなテレビやラジオの

仕事で、くだらないことをしゃべっていられたらそれでいい。

　なんでそんな考え方になったのかと振り返ってみると、『タイタンの妖女』という小説の影響が大きいように思う。カート・ヴォネガットが1959年に発表したSF小説で、爆笑問題の事務所名である「タイタン」は、この作品のタイトルに由来している。それぐらい好きな小説なんだけど、本当に不思議な物語でもある。地球や火星や水星などといったいろいろな時空を超えて登場する人物がいたり、ある意味で永遠に生きている人の話でもあるから。

　そんな不思議な小説である『タイタンの妖女』のなにが好きかって、ラストシーンで人類が許されるところ。人間なんてしょせんそんな存在なんだから、ろくでもない人生だってOKなんだよって。

　この小説に出会う前の俺は、それこそ太宰治の小説にはまっていたりして、「生まれて、すみません」みたいな感覚があった。太宰が書いているように、たしかに自分も醜いし、こんな人間でいいのかなっていうね。でも、『タイタンの妖女』のラストシーンの許しのおかげで「あぁ、こんな俺でも生きてていいのかな」と思えた。

いま言葉にすると大げさだけど、はじめて同作を読んだ大学生の頃の衝撃は本当に大きかったから。それ以前の太宰などにはまっていた頃のほうが死への意識が強かったから、『タイタンの妖女』で許されて生を意識し始めて、だから死ぬのが怖くなくなった気がする。

死。誰もが避けられない、ある意味で平等なもの。

ところが、死は自発的なものだけじゃないところが単純じゃない。人は人を殺す。殺人という死の形で言えば、※酒鬼薔薇事件には思うところがあった。

当時もいまも、俺には酒鬼薔薇が自己顕示欲で人を殺したように思えてならないんだけど、もし俺の感じているままだとするのなら、彼がしでかしたことについて、善悪で糾弾してもなにも響かないだろう。そうじゃなくて、「お前の表現はつまらない。世界中で誰でも思いつく凡庸なものだ」と伝えるべきだと思う。

俺は、あの事件を思い出すと、ほとんど同時にピカソの『泣く女』を見て感動した頃を思い出すんだけど、その体験は感動という言葉さえ陳腐なほど衝撃的なものだった。

当時、チャップリンに憧れていた俺は、映画監督になりたいのか、映画監督としてまわりからちやほやされたいだけなのか、もしちやほやされたいだけならそれって人としてどうなんだと自己嫌悪のぬかるみにはまってしまう。

挙げ句の果てには、なにに対しても無感動になってしまい、味覚さえも失っていた。そんな俺をピカソの絵は救ってくれた。『泣く女』のぐちゃぐちゃなんだけど、なんとも言えない迫力に満ちたあの絵が目に飛び込んできた時に「あぁ、表現って自由でいいんだ。なんでもありなんだ」と感じられて、しばらくすると無感動ではなくなり味覚も戻った。たった1枚の絵が誰かの苦悩を救ってくれるだなんて、本物の表現の力というのは本当にすさまじい。

しかも、パブロ・ピカソが偉大なのは、限られたキャンバスのなかで、誰もが使う絵の具と筆で、誰も表現したことのないものを描いたということ。この誰もが使う道具というのがすごい。まったくもって奇をてらってるわけじゃない。そこがすごい。

だから俺は、酒鬼薔薇が表現としての殺人などと思っていたのなら、愚かに感じられてならない。人を殺すことで自分が特別な存在であるかのように表現したつもりになっているだなんて、世界中の奇をてらう人々のなかにはいっぱいいるから。そんなありきたりな表現をすればするほど、凡庸な殺人鬼のひとりとして埋没していく。もし、その方向性で競うのなら、誰もヒトラーにはかなわないだろう。現在の世界情勢とあわせて考えると、おそらく金正恩だって無理だ。

本物の表現というのは、未来の表現者にふたつの感情を同時に与えるのだと思う。ピカソしかり、ヴォネガットしかり、たけしさんしかり、談志師匠しかり。

全身ですげぇと思ったものに触れた時、「あぁ、とてもかなわない」という自分がいるのと同時に「いや、俺もやってみたい」と思わずにはいられない矛盾する思い。俺の場合なら、チャップリンも黒澤明もそうだったんだけど、「とてもかなわない」と彼らの映画を観てひどく落ち込む。そのくせ、恐れ多いにもほどがあるんだけど「でも、やってみたい」と思わせる力。これは俺に限った話じゃなくて、だからこそ、ビートルズが現れた時に多くの若者がバンドを始めたのだと思う。ビートルズになれるわけがない、でも、俺たちもやってみたいっていうね。

そう考えると、酒鬼薔薇の不幸は、本物の表現に感動をしたことがなかったせいなのかもしれない。

さて、死生観をもう少し俯瞰で捉えてみると、俺には理解できない感覚がある。

人間の不死への願いだ。

そもそも、不死とか永遠の命なんて、そんなにいいものだろうか？

映画や小説などの作品でも現実社会でも、金持ちでそういう思考に走る人がいるけど、長めの漫才で1時間とかやっててドカンドカンとウケてたって、終わってくれなきゃどうにもなんないわけでね。自分が読者や観客だとしてもそうで、どんなに素晴らしい物語でも終わってくれなきゃおもしろさを味わえない。むしろ、永遠なんて恐怖でしかない。

そういう意味で、終わり方のかっこよさを教えてくれたのは母親だった。

おふくろの状態がちょっと危ないと連絡があって、仕事終わりで俺は病院に向かう。病院に着いた時にはまだ意識があって、「大丈夫？」と聞くと、マスク越しに「うん」と頷いてくれた。実は、その時と似た状況が前にもあって無事に回復していたから、今回もと願ってはいたけれど、「もう一度、肺炎になったら危険です」と医者からは言われていた。

おふくろはヘビースモーカーで肺気腫の末期だった。

親父との最後の時間も、俺はわりと長くすごせたほうだと思う。親父は昔からみんなを笑わせるような人気者でね。入院した時も、すっかりボケちゃってろくに会話もできなかったのに、看護師さんが「今日息子さんは来るの？」と聞くと、「来ない！」とそこだけはっきりと返事するから、みんなが笑っていたらしい。

そんな感じだったから、親父は病院でも人気者みたいだったんだけど、こと「最期」という意味では、親父は弱音ばかりだった。ちょっと具合が悪くなると「もうダメだ、死ぬ死ぬ死ぬ死ぬ」っていう（笑）。

でも、おふくろはしゃんとしているというか弱さを見せなかった人で、肺炎から回復した時にも「お世話になりました」と敬語で俺に言ってね。あぁ、この人は覚悟を決めたんだなと、その時から感じていた。

病院に着いたのは、夜の10時ぐらいだったと思う。

病室には俺とおふくろのふたりきり。

手を握ったり、体をさすったり、声をかけたりしていたんだけど、医学の素人目にも、見る見るうちに具合が悪くなっていくのがわかった。「死んじゃうかもしれない」と感じた俺はふと、おふくろが越路吹雪という昭和を代表するシャンソン歌手を好きだったことを思い出して、自分のiPadに彼女の楽曲が入っていないかと探してみた。俺もおふくろの影響で、越路吹雪が好きだったからね。

探してみると、『バラ色の人生』と『愛の讃歌』という2曲だけがiPadに入っていたから、それをおふくろに聞かせてみたわけ。すると、それまでは呼吸も苦しそうだったんだけど、越路吹雪の歌声が届いたのか、ふっと楽になった表情を見せてくれた。

その2曲が終わると同時に、安らかな表情でおふくろは死んだ。

鮮やかだった。昔からかっこよかった人だけど、最期もかっこよかった。

いまでも、おふくろの最期は時々思い出すことがあるんだけど、「あなたも死ぬ時はこうやって死になさい」とおふくろに教えられたような気がしている。

※ **酒鬼薔薇事件**

1997年に兵庫県神戸市須磨区で発生した、当時14歳の中学生による連続殺傷事件。複数の小学生が被害を受け、2名が死亡、3名が重軽傷を負った。神戸連続児童殺傷事件と呼ばれるが、犯行声明文で犯人が「酒鬼薔薇聖斗」を名乗ったことから「酒鬼薔薇事件」とも呼ばれる。

おわりに

俺の違和感のど真ん中にあるもの、それは世間だ。

世間、大衆、もう少し狭いところでテレビの視聴者。

そういう人たちをいかに楽しませるかをずっと考えているから、たとえば、俺が嫌いな村上春樹を世間が絶賛すると、心底がっかりしてしまう。がっかりしてしまうだけならいいんだけど、よせばいいのに「あれのどこがおもしろいんだ?」と思わず力説してしまうこともあるっていうね(笑)。我ながら芸がないよなぁと思うけど、それでもつい口にしてしまうのは、ああいうのがウケるんだったら、俺のネタを世間の人はおもしろく感じないだろうなぁと想像してしまうからだ。

ドラマとかでもそう。ある時、BSで『世界の中心で、愛をさけぶ』の再放送を見ちゃったんだけど、心底がっかりした。

なにががっかりって、展開に無理がありすぎる。

主人公の女の子は白血病なんだけど、彼女の夢がオーストラリアに行くことという設定で、もう長くは生きられないっていう段階で恋人と一緒に病院を抜け出して空港で倒れるわけ。でもね、その時点で彼女は末期の状態でICUに入っているはずなのに、なぜ恋人が彼女を連れ出せたのかの説明が一切ない。俺は親父もおふくろもICUに入った時期があって、その様子を見てたから余計に気になるんだけど、あそこでは脈拍や酸素濃度とかを計測できるセンサーを患者の体につないで必ずチェックしてるわけ。もちろん、ナースセンターで管理もしているし、センサーを外したら即警報音が鳴るはず。でも、なぜかドラマのなかのふたりはすんなりと抜け出せてしまう。

ふたりは空港に着くまでをタクシーや電車で行くんだけど、その時は別にいい天気なのね。でも、駅のホームでふたりがいい感じの会話を交わすってタイミングで、なぜかどしゃ降りになっちゃう（笑）。

そんなご都合主義に矢継ぎ早にがっかりさせられるんだけど、恋人が空港カウンターでチェックインをしていると、待合席に座っていた彼女がガーンって床に倒れてしまう。彼女は抗癌剤の影響で髪の毛を切っているから毛糸の帽子を被っていて、顔面蒼白な状態だから、ひと目で重度の病人だとわかるはずなのに、誰も助けようとしない。みんな見てるだけ。慌てて駆け寄った恋人が彼女を抱える。「自分で歩く」と言う彼女を支えて搭乗ゲートを目指すんだけど、航空会社のカウンターの前を通ったあたりで、その恋人が支えていた手を離してしまって、彼女はまたガーンって床にくずおれる。おいおい、と。恋人がそこで手を離すかふつうっていうね（笑）。しかも、その間、ふたりの目の前にある空港カウンターの人は一切助けに来ない。まじかよと。日本の空港は情け無用かよと。

結局、ふたりは病院に戻るんだけど、恋人の男も疲れ果ててはいたんだろうね。その病院で自分も倒れてしまう。ふっと目を覚ますと朝になっていて、恋人のことを心配して母親に尋ねると「今朝ね」って、もう死んでしまったことを告げられる。いや、起こせよと。この展開で最愛の人の死に目に会えないってどういうことだよと。

しかも、慌てて男が彼女の病室に飛び込むと、すでにベッドはキレイに片付けられていて本当に死んでしまったことを悟るんだけど、いやいや、テキパキにもほどがある。そんな病院の医者もひどくて、父親から「これは自殺ですか？」と聞かれて「反抗期だと思います」と答えるんだけど、いやいやいや、お前の責任はどこにいったんだと。ＩＣＵに入ってる重症患者を簡単に病院から抜け出させちゃダメだろうって。

葬儀の場面もすごい。恋人の男は、クラスメートが参列しているお葬式に入り口までは行く。でも結局、参列せずに走り出すんだけど、なぜかそれまでは降っていなかった雨がまたしても突然に降ってきて、なんだかもう自由自在だな、おい！って（笑）。

そもそも再放送なわけだし「じゃあ、見なきゃいいじゃん！」という読者からの的を射たツッコミには返す言葉もない。

でも、この感想はどうしても言いたくてラジオでもしゃべりまくった。だって、自分の小説などでは整合性を取りながら物語を作ろうとしている身からすると、あんなのを見て感動されちゃったら、太刀打ちできねぇやと感じてしまうからだ。

その手の世間への違和感は、表現の世界以外にも常にあったりする。

政治の世界の立憲民主党の枝野さんもそう。あの人は護憲派ではないって公言しているのに共産党と組むことへの矛盾を、なぜ世間は見逃すのか？　そういう俺には理解できない世間の強い風みたいなものを感じると、大衆を笑わせようとしても俺の表現では、どだい無理なんじゃないかと途方に暮れてしまう。

なのになぜ、俺は表現をやめないのか？

3つの理由がある。

まずひとつは、俺もそんな大衆のひとりという自覚がありすぎるほどあるからだ。わかりやすいところで言えば、朝の習慣。俺は、やくみつるさんが宣伝しているシジミがどうのといったオルニチンのサプリメントを毎朝飲んでるからね。この本のなかでも芸人仲間に無知で死ぬのはやめてくれだなどと偉そうなことを言ったけど、やくみつるさんのCMを見て、なんか体によさそうだなってぐらいの浅い予備知識で買って、毎朝飲んで、しかもなんか調子がいいような気もしているからね（笑）。大衆のひとりとして、マスコミの情報に見事に流されている俺が毎朝いる。

もうひとつは、世間のど真ん中で大ヒットしている人が、俺自身も大好きな場合もあるということ。たけしさんやさんまさんやサザンの桑田さんなんかがそうなんだけど、時代をさかのぼれば、向田邦子さんや黒澤明監督もそう。世界に目を向ければ、チャップリンだってど真ん中だろう。振り返れば俺は、子供の頃から、斜に構えたタイプではなく、ど真ん中の存在が大好きだった。

3つ目は、そういうど真ん中な存在に、今日は無理だったけど明日はなれるんじゃないかなんてことをいまだに夢想してしまうから。「格差社会」のテーマでも話したけど、これはもう、見るなって言われても夢見てしまうタイプなんだからしょうがない。死ななきゃ治らない俺の性だ。

憧れちゃうんです。どうしたって、いまだにど真ん中に。

そもそも、子供の頃の尊敬する人物は誰だったかなぁと、自分の古い記憶をさかのぼってみると、王貞治さんというプロ野球選手に辿り着く。いまの時代のように、日本人選手がメジャーリーグで活躍するずっと前の時代に、ハンク・アーロンという偉大なメジャーリーガーの本塁打数を抜いて世界記録を達成した時には、本当に感動したし尊敬した。

そういう意味では、イチローにも尊敬の二文字しかない。たぶん、いまの若い世代よりも俺たちのほうが、イチローの真のすごみを理解できるんじゃないかと思う。

たとえば、『巨人の星』という漫画やアニメのなかでは、主人公が大リーグボール養成ギプスというある種の矯正具を子供の頃からつけて、血の滲むようなトレーニングをした末にようやく大リーグ＝メジャー級の魔球を投げられるようになるという設定だったのね。それぐらいメジャーリーグというのは遠い存在だった。実際、俺が子供の頃の日米野球では、たいてい日本がボコボコにされていて、大リーグとはうまいこと言ったもんで日本のプロ野球は小さかった。

なのに、イチローはメジャーの新人王やMVPを獲り、最多安打記録などの圧倒的な成績をおさめて、メジャーの選手からさえもレジェンドと憧れられる存在だなんて、ど真ん中にもほどがある。野茂英雄さんというパイオニアもしかりだけど、本当にすごいことだと素直に思う。

話を表現者に戻すと、ど真ん中で評価をされている人が、その評価を得てから、どのように創作と向き合っていたのかと想像することがある。

たとえば、チャップリン。『独裁者』でヒトラーを批判した時なんて、ヒトラーがまだ現役だったという事実がすごい。あの作品でチャップリンは、ヒトラーを散々茶化すけど、この独裁者に対する世間や大衆の評価は完全には白黒がついていない時期だった。一部では、ヒトラーを英雄視する人々もいただろうし、制作中止を求めるおどしめいたものもあっただろうに、あの作品を完成させている。

『殺人狂時代』の時は、もっとすごくて、命懸けだったはずだ。赤狩りと呼ばれる反共のムーブメントがアメリカ中で巻き起こり、「戦争反対」とか「平和」を謳う作品はもれなくつぶされていた時代。あいつは赤だって言われて、ハリウッドでも排除される人がたくさんいた。

にもかかわらず、チャップリンは作品のなかで「ひとりを殺せば悪党で、100万人殺せば英雄だ。数が殺人を神聖なものにする」といったセリフを主人公に言わせている。この主人公は不況がもとで仕事を失い殺人に走るから、反共産主義の逆の意味で使われる「容共だ」とされて、チャップリンはアメリカを追放されてしまう。

そんなチャップリンがどのような視点で世間や大衆を見つめていたのか、俺にはわからない。その2作を作り上げたのは時代背景をあわせると本当にすごいことだと思うけど、この前に傑作を何本も世に送り出していたチャップリンだから許されていたとも言える。俺には、チャップリンに見えていた景色がおぼろげだ。というか、まったく見えない。だって、その頂にまで、全然届いていないのだから。

でもまぁ、そこまで売れなくてもいいのかぁと思うこともある。

たとえば、この本が100万部売れたとする。そうすると、「あ、俺はこれでいいんだな」と安心してしまうというか、思考停止してしまう嫌な予感もあるからだ。これは、俺が政治などの世界でリーダーを信用していない意識とも重なっていると思う。要は、自分の支持者がすごく大勢いるという状態。人はそういう頂に立った時に、過ちを犯してしまうのではという予感。

まぁ、この本がそこまで売れることはまずないから余計な心配なんだけど、なにかしらの奇跡が起きて、100万部も売れた日にはうれしいに決まってるし、やっぱり売れてほしいなぁとも思う。そんな身近な願いですら右往左往する俺だけど、表現するうえで、ひとつだけ決めている究極の選択がある。

2015年にジャーナリストの後藤健二さんが、イスラム国（IS）に殺害される事件があったでしょ？　後藤さんと湯川さんのふたりの日本人が砂漠で跪《ひざまず》かされて、真ん中に黒い頭巾を被ったやつがいてナイフや拳銃を持っている写真を覚えている人もいると思う。本当に究極の選択として、あの写真のどちらかを選べと言われたら、俺は跪くほうを選ぶ。絶対に、あの頭巾のほうにはなりたくない。

それでも怖いのは、自分では知らない間にあっち側になっている可能性がいつだってあるということ。たとえば、この本でも話した「いじめ」にしても、俺の笑いの影響のせいで誰かを傷つけてしまう可能性はいつだってあるから。その危険性だけは、常に自分で検証していかないとダメだと思っている。戦争だってそう。テロとの戦いを生きるいまという時代は、いつあっち側に転んでしまうかわからない怖さがある。

ニーチェは、「怪物と戦う者は、その際自分が怪物にならぬように気をつけるがいい。長い間、深淵をのぞき込んでいると、深淵もまた、君をのぞき込む」と言った。その言葉はいまの時代にも、ぴたりと当てはまる。大衆が怪物になることはあるし、大衆のひとりである俺もまたブレないだなんて言い切れない。

では、どうすれば自己を検証し続けられるのだろう？

俺のキーワードはふたつ。

「笑い」と「孤独」だ。

「笑い」というキーワードは、善悪という価値観とは違う場所にある。

善悪という価値観ほど危ういものはないという話は、この本のなかでテーマが変わっても口にしてきたことだけど、笑いをやっている人は、別に善いことだと思って芸を見せていないからね。それを象徴するかのような出来事があった。

テレビのバラエティ討論番組で、女性ゲストが「女の人の年齢で笑うのは、もういい加減やめませんか?」との提案をした。彼女はいま外国に住んでいて感じるところがあって、あっちでは50歳、60歳でも浜辺でビキニになって海水浴をしていると。でも、日本人は年齢だけで恥ずかしいって決めてそうしないみたいな主旨だったわけね。で、そこはほら、バラエティ番組だから、合間に俺が阿川佐和子さんに向かって「くそばばぁ!」つってるところのVTRが流れて、みんなが笑うっていう(笑)。まぁ、そのこと自体はおもしろければそれでいいんだけど、善悪の問題で俺の「くそばばぁ!」を切り分けるのなら、そりゃあ悪だ。でも、そもそも芸人で善いことをやってやろうと思ってるやつなんていないわけで、つまり、前提が違う。芸人になろうなんてやつは、たいてい教室の隅でなにか悪いことをやっていたのがおもしろかった連中が、やがてプロになってるわけだから。

ただし、悪いことなんだから、同時に罪の意識もある。たとえば、葬式で笑ってしまうのは善悪で言えば悪だろうけど、葬式コントがあったとするのなら「笑っちゃいけないからこそ笑ってしまう」ことがネタにもなりうるっていうね。「好き嫌い」のテーマで話したように人間の思いはひとつの言葉ではくくれないし、いくつかの感情が同時にあるということ。だからこそ、人間は愚かなのかもしれないけど、おもしろい。

チャップリンの笑いの原点のひとつは、子供の頃に見た悲喜劇だったそうだ。

多くの人で賑わう市場。売られるはずだった羊が突然逃げ出す。売人は逃げられちゃ飯の種にならないから必死に追う。羊は羊でそれこそ命懸けで逃げる。もうね、市場中がひっくり返るほどのドタバタ劇だったらしいんだけど、そこに集まっていた人はみんな大笑いしていた。この笑いって、善悪で言うのなら、葬式の例と同じで、悪なはずでしょ？　でも、人間はそういう時に笑う生き物だということ。悲しみの裏側に笑いがあるのか。笑いの裏側に悲しみがあるのか。どちらのパターンもあるだろうけど、同時にあるということ。それが人間だと俺は思うし、芸人や笑いの世界に生きる人々は、そこまで意識はしていない人もいるだろうけど、移ろいやすい善悪などで表現をしていないから信用できるし、俺は好きだ。

だから、村上春樹の小説が嫌いなのだと思う。

人間を描けていない。登場人物のほとんどが都会的でクールだからか、ふたつの感情が同時にあるような人間の描き方がほとんどない。ついでに言うと、宮崎駿作品のなかで俺が嫌いなのは説教くさいもの。『ルパン三世 カリオストロの城』までは好きだし、いまでも絵は美しいとは思うけど、『風の谷のナウシカ』以降は、人間は愚かだという文明批判のメッセージに感じられて、俺には説教くさくてしかたがない。もういいよっていうね……って、俺ってやつは、また言わないでもいいことをついつい口にしてしまう（笑）。

話を善悪に戻すと、常に問い続けるべきだと思う。

あぁいう事故が起きてしまったことで原発は完全に「悪」になってしまったけど本当にそうなのか？　火力や石炭で散々空気を汚してきた人間が学び取った文明の成果

のひとつでもあるのではないか。難しい問題だから、答えなんてそう簡単に出やしないけど、人間の進化を肯定したい俺は、原発＝「悪」だとは断定などできない。

そして、「孤独」。

人はひとりでは生きていけないから、なにかしらの組織や団体に属している。文学界には文壇が存在するし、貴乃花親方が対立したのは相撲協会だった。好き嫌いで言えば、俺は文学は好きだけど文壇は嫌いというのがあるけど、そうはいってても世間から見れば俺も芸能村やテレビ村の住人でもある。

だから、なにかしらのグループに属することを全否定するつもりは一切ないんだけど、発想だけは集団にしばられずに自由でいたいと思っている。どうしたって人はまわりから影響されるし流されるから、まずは個として考えるということ。「それは、本当にお前の考えなの？」「それとも組織の意向なの？」という根本的なことだけは、問い続けていきたい。

そんな個としての考えをそのまま世間に発表できるかどうかは別として、もし集団の意向に流されざるをえないにしても「俺の本音じゃないけど、これは組織のためにやるしかない」と自分ではっきりとわかっていたい。グループのみんなと仲よくしたいからとか、揉めたくないといった思考停止状態で、組織に流されるのだけは絶対に避けたいから。

そういう意味では、本書を買ってくれた人は、個であり、孤独を味わえているのだと思う。読書とは基本的に孤独な作業であり、それがいい。

自分自身のことで言えば、高校時代の教室にはまったく居場所がなくて、本を読んで、その物語なり、書いてある哲学なりに、のめり込んでいられる時だけが至福の時間だった。ひとりで本を読んでいるのだから孤独なんだけど、不思議なことに俺はひとりじゃないような感覚も得られていた。きっと、疑問や共感が頭のなかでうずまき「?」「!」といった具合に、作品や作者との対話が止まらなかったからだろう。そして読書のよさは、自由であるということ。頭のなかで想像や問いかけや感動をしている時間は、誰にも邪魔することができない。独裁者にだって無理な話だ。

読者のみなさんが、いまこの本を読んでいる孤独は、暇つぶしだろうか？

俺が嫌いだから揚げ足を取ろうとしているのか？

少しは俺に興味があるのか？

きっかけなんてなんでもよくて、読書という名の孤独な時間が、少しでもましなものになってくれていれば、こんなにうれしいことはない。

最後に、１００万人の読者に感謝しつつ、この『違和感』という本を終えたいと思う。

いや、絶対にそんなにたくさんの読者なんて、いやしないのだろうけど（笑）。

太田 光 （おおた　ひかり）
1965年5月13日埼玉県生まれ。1988年、同じ日大芸術学部演劇科だった田中裕二と漫才コンビ爆笑問題を結成。1993年『NHK新人演芸大賞』で、漫才では初めて大賞を受賞。1994年、テレビ朝日の『GAHAHAキング 爆笑王決定戦』にて10週勝ち抜き初代チャンピオンに。以降、爆笑問題のボケ担当としてテレビ・ラジオで活躍。文筆活動も活発に行っている。2020年ギャラクシー賞のラジオ部門DJパーソナリティ賞を授賞。『爆笑問題の日本原論』（宝島社）、『カラス』（小学館）、『憲法九条を世界遺産に』（集英社新書）、『マボロシの鳥』（新潮社）、『憲法九条の「損」と「得」』（共著、扶桑社）など著書多数。2018年4月オムニバス映画『クソ野郎と美しき世界』のなかの一篇、草彅剛主演の『光へ、航る』を監督する。

扶桑社新書　348

違和感

発行日　2020年10月1日　　初版第1刷発行

著　　者……太田 光
発 行 者……久保田榮一
発 行 所……株式会社 扶桑社
〒105-8070
東京都港区芝浦1-1-1　浜松町ビルディング
電話　03-6368-8870（編集）
03-6368-8891（郵便室）
www.fusosha.co.jp

印刷・製本……株式会社廣済堂

Printed in Japan ISBN978-4-594-08612-1